HERINNERINGEN VAN EEN POLITIEK DIER

Norbert Schmelzer

Herinneringen van een politiek dier

2004
Uitgeverij Balans

Voor D,
Van N

Uitgeverij Balans 2004
Copyright © 2004 N. Schmelzer
Alle rechten voorbehouden

Typografie: Sjef Nix
Omslagontwerp: Mesika Design
Druk: Drukkerij Wilco, Amersfoort

Verspreiding voor België: Libridis, Sint-Niklaas

ISBN 90 5018 728 5

NUR 642

www.uitgeverijbalans.nl

Inhoud

1
'DE NACHT VAN...'

State Department, Washington D.C., voorjaar 1971. "Are *you* the man of the night?" is één van de eerste vragen in mijn richting. Toch een vreemde gewaarwording, zo ver van huis te worden geconfronteerd met de commotie in en na die Haagse nacht van 13 op 14 oktober 1966. De nacht die blijvend zou worden gekoppeld aan mijn achternaam. Een lange nacht, bijna achttien uur had de vergadering geduurd aan het einde waarvan het kabinet-Cals ten val kwam. Een kabinet waarin, behalve minister-president Cals, vijf vooraanstaande partijgenoten[1] van mij zaten en dat nu struikelde over de motie die ik in nauwe samenwerking had voorbereid met mijn financiële steunpilaren Harry Notenboom en Roelof Nelissen. Een motie die ervoor zorgde dat deze nacht één van de meest ingrijpende gebeurtenissen in de Nederlandse politieke en parlementaire geschiedenis van na de Tweede Wereldoorlog is gebleven.

Om half vier in de ochtend las ik de tekst voor die, bij wie deze bladzij vandaag leest, vermoedelijk voor weinig opwinding zal zorgen:

"De Kamer, gehoord de algemene politieke en financiële beschouwingen over de Rijksbegroting 1967, van mening dat in het voorgenomen financieel-economische beleid meer waarborgen moeten worden gelegd voor een evenwichtige groei en tegen verdergaande geldontwaarding en werkloosheid, spreekt als haar overtuiging uit dat mede met het oog op de mogelijkheden voor 1968 naast een verbetering van de dekking-1967, maatregelen ter voorkoming van extra uitgavenstijging voor 1968 noodzakelijk zijn, nodigt de regering uit daartoe voorstellen te doen en gaat over tot de orde van de dag."

Woorden die niet veel emotie tonen, maar schijn bedriegt: een kabinet met mensen uit je eigen club zo moeten aanpakken is ronduit benauwend, maar de bezorgdheid achter deze woorden was te groot: inflatie, werkloosheid, toenemende betalingsbalanstekorten en een ruim uit de hand lopende staatsschuld zagen we recht op ons afkomen. Nee, deze motie, hoe zakelijk ook geformuleerd, kwam niet uit de lucht vallen. Nadat in de eerste begroting van het kabinet-Cals al een uitgavenstijging van 20% was verwerkt, werd nu – ondanks herhaalde interne en publieke waarschuwingen vanuit onze fractie, opnieuw een substantiële stijging gepresenteerd zonder degelijke financiering.

Moesten wij, om een crisis te vermijden, bij de behandeling van deze begroting 'als vanouds' doorgaan met het – al dan niet vergezeld van verontwaardigd grijpen naar de microfoon – steunen van dit kabinet?

Naarmate de uren verstreken werden de spanningen over en weer voelbaar, maar het zou nog drie schorsingen kosten voordat het uur-U aanbrak, toen definitief duidelijk was dat onze fractie van het kabinet-Cals geen handreiking zou krijgen op het gebied van de door ons geformuleerde zorgen, wensen en suggesties. Het kon niet anders, de motie die 'Blitze und Donner' zou veroorzaken, moest worden ingediend. Dat ik daarbij verklaarde dat deze niet mocht worden opgevat als gebrek aan vertrouwen in het gehele regeringsbeleid en evenmin was gericht tegen de politieke combinatie van dat ogenblik, leek op premier Cals en zijn collega's in het kabinet op dat moment nauwelijks indruk te maken. Waarom ook? Had de premier tijdens zijn antwoord in de eerste termijn niet zelf betoogd: "Wij willen in goede teamgeest voortgaan. Eén ding is daarvoor absoluut onmisbaar, namelijk de steun van de Kamer, het vertrouwen van de Volksvertegenwoordiging. Dat vertrouwen vragen wij de Kamer nadrukkelijk. Het is een absolute voorwaarde voor het voortzetten van ons werk."[2] Die eis had meteen geleid tot grote irritatie binnen de fractie omdat de mogelijkheden van de realiteit hiermee wel erg ver werden overschreden en toen er tijdens de lange uren daarna nog steeds geen reactie van betekenis van achter de regeringstafel kwam, was 'terugdraaien' niet meer mogelijk.

Dr. Jelle Zijlstra, in die tijd een eminent financieel-economisch geweten, deelde onze kritiek op het kabinetsbeleid op dat gebied en schreef dat premier Cals de crisis wel degelijk had kunnen voorkomen door bijvoorbeeld te verzoeken de motie niet op dat moment in stemming te brengen, maar in beraad te houden en pas uitsluitsel te geven na toetsing aan nieuwe gegevens van het Centraal Planbureau.[3] Een weg die binnen de PvdA kennelijk niet als begaanbaar werd beschouwd. Fractievoorzitter Nederhorst riep direct na het indienen van de motie: Dit kabinet is geen knip voor de neus waard als het hier op ingaat! Het was een reactie vanuit een partij die onder grote druk bleek te opereren, want in zijn boek *Nasmaak en Voorproef*[4] schrijft een onverdachte getuige, vice-premier Vondeling: 'Na de beide vernietigende verkiezings-nederlagen voor de Provinciale Staten in maart (1966) en Gemeenteraadsverkiezingen in juni, was er een geweldige onrust in de partij ontstaan en er werden geluiden gehoord om direct uit het kabinet te treden.' De PvdA verkeerde in een sfeer waarin een crisis uitkomst zou kunnen bieden, misschien een crisis waarvoor anderen, in dit geval de KVP, verantwoordelijk konden worden gesteld?

Desalniettemin, de vraag blijft: valt onze fractie en mij persoonlijk dan helemaal niets te verwijten? Achteraf bekeken toch wel iets, want hadden wij als volksvertegenwoordigers niet ingestemd met een regeringsverklaring waarin de volgende passage stond: '[...] steeds duidelijker geworden dat zonder *tijdelijke* grotere toene-

ming (dan de norm dat de rijksuitgaven niet mogen uitgaan boven de groei van het reële nationale inkomen,
red.) van bepaalde rijksuitgaven geen oplossing mogelijk
is voor enkele knelpunten, die juist ter wille van de toekomstige groei moeten worden weggenomen en die
anders niet alleen de toekomstige welvaartsgroei maar
ook het welzijn van ons volk bedreigen?'

Het kan ons worden aangerekend dat we toen geen
afspraken hebben gemaakt over zowel de duur van die
'tijdelijkheid' als over de omvang van de uitgavennorm-
overschrijding. Alleen: wij hadden eerlijk gezegd niet
verwacht dat het kabinet de uitgaven zó onstuimig zou
opvoeren zonder in een adequate, de toekomst niet
onevenredig belastende, financiering te voorzien. Temeer
omdat het kabinet zichzelf in dat jaar 1966 had gepresenteerd onder het ambitieuze motto: 'Wij werken voor het
jaar 2000'.

Professor Hans Righart karakteriseert het kabinet-Cals
in dat opzicht als: 'Een club van energieke "doeners".
Ook voor het politiek minder geschoolde oog moest
het duidelijk zijn: hier trad een kabinet aan dat het
sloom voortsukkelende Nederland wel eens even op
koers van de postindustriële tijdgeest zou brengen.
Ook de personele samenstelling van het kabinet-Cals
beloofde spierballenwerk; de kranten spraken al snel
van een kabinet van sterke mannen en een "zwaarge-
wichtenkabinet".'

Tegen half drie in de ochtend, kort voor de laatste, beslissende fractievergadering, trok ik me terug op mijn kamer. Wat moesten we doen, wat kon ons te wachten staan? Een uitweg om een dreigende crisis af te wenden kon ik niet vinden en ik deed wat ik altijd deed en doe bij ingrijpende beslissingen: ik riep de Heilige Geest aan. Niet om die voor mij te laten beslissen of om mij erachter te verschuilen, maar om mij bij te lichten.

Alles op een rijtje zettend werd het me duidelijk dat wij volkomen ongeloofwaardig zouden overkomen als we dit kabinetsbeleid nu zouden slikken na alle kritiek hierop die onze fractie al een jaar lang onderbouwd had volgehouden. Bovendien zou zo'n draai richting 'toegeven' behalve een belabberd beeld naar 'buiten', onze fractie en partij kunnen splijten. Op het gebied van inhoudelijke kritiek op – respectievelijk vraagtekens bij – het financieel-economisch kabinetsbeleid, was de fractie unaniem, waarbij een paar leden hadden verklaard ondanks hun kritiek toch geen politieke crisis aan te durven.

Dat verschil in reacties bij 'toegeven' zou ook manifest worden bij stemming over een al ingediende motie van de oppositie, de motie-Toxopeus, waarin dezelfde zorgen en wensen stonden als de onze, zij het nog verdergaand. Intern had een niet onbelangrijk deel van onze fractie al laten blijken in te stemmen met die liberale motie. Het was duidelijk: verantwoordelijkheid nemen voor verlammende ongeloofwaardigheid en verdeeldheid was een-

voudigweg onmogelijk en ik besloot terug te gaan naar de
fractie met het voorstel de motie in te dienen die onze
zorgen en wensen helder verwoordde.

Ik las de tekst voor en stelde meteen daarna de vraag
wie er tegen was. Diepe stilte en veel blikken richting
Marga Klompé, goede vriendin van Cals en groot voorstander van een goede verstandhouding met de PvdA.

Juist vanwege haar vriendschap met Cals had ik haar in de
periode voorafgaand aan oktober, nadat ik Cals onze
zorgen en bezwaren had voorgelegd, al eens geraadpleegd
en gevraagd of ze, nadat ik onze zorgen en bezwaren aan
hem had voorgelegd, dat ook wilde doen in een persoonlijk gesprek met hem. Het enige resultaat daarvan was
geweest dat Cals een reactie op deze zaken aan Vondeling
wilde overlaten. Marga's mening over de tekst van de
motie was daarom heel belangrijk. Ze stemde niet tegen.
Vier leden, mevrouw Kessel en de heren Van Doorn,
Laan en Verdijk, deden dat wel. Aarden, die in 1968 met
Van Doorn en enkele anderen de partij zou verlaten om
de PPR op te richten, zou dat zeker ook hebben gedaan
maar was wegens ziekte afwezig.

Ik had dus de steun van de overgrote fractiemeerderheid
en ging naar de Ministerskamer om Cals in te lichten en
hem de tekst van onze motie te laten lezen.

Moeilijke minuten, maar er veranderde niets. Hij kon –
of wilde – nog steeds geen enkele stap doen in onze richting.

"Nou Norbert, dat was het dan."
"Dat vrees ik ook, Jo."

'Commotie in en na die Haagse nacht', schrijf ik aan het begin van dit hoofdstuk. Het is zwak uitgedrukt, alles en iedereen rolde over elkaar heen.
'Moord met voorbedachten rade!'
'De KVP wilde van de PvdA af!'
'Het uitvechten van een persoonlijke vete tussen Cals en Schmelzer!'
Vooral de kritiek uit 'eigen' hoek was niet mals. 'Onbegrijpelijk, onverantwoord en zeer teleurstellend', zei Jan Mertens, voorzitter van het katholieke vakverbond NKV en Frans Dohmen, de voorzitter van de katholieke mijnwerkersbond met wie ik bevriend was geraakt, sloot zich daarbij van harte aan. De in die tijd katholieke *Volkskrant* en *De Gelderlander* zetten de fractie, en mij in het bijzonder, meteen neer als hoogst onbetrouwbaar. De naam 'Schmelzer' stond voortaan voor het slimste jongetje van de klas met vier bijbedoelingen achter iedere zin. Op z'n zachtst gezegd is het natuurlijk niet leuk zo openlijk en niets ontziend in de onbetrouwbare hoek te worden gezet, maar werken in de politiek betekent nu eenmaal het voluit de kans lopen te worden bejubeld of vertrapt, en in eerste instantie was het zaak om zo snel mogelijk na de 'nacht' het land in te gaan om verantwoording af te leggen en informatie te verstrekken aan de

partijleden. Onze geloofwaardigheid en eenheid waren immers in het geding en de mensen in het land hadden er recht op met ons van gedachten te wisselen over wat er was gebeurd en over de motivatie van ons optreden. Ik kon me alle vraagtekens best voorstellen: het was toch ook een vrij unieke situatie: een politieke partij die de verantwoordelijkheid op zich neemt voor de val van een kabinet met eigen prominente geestverwanten er in! Terwijl aan de ene kant felicitaties binnenstroomden op het partijbureau van voorzitter Piet Aalberse, bleef het in de publieke opinie onverminderd doorbonken: 'Daar moet meer achter zitten, dit is smeerlapperij.' Het beeld van Schmelzer die als een Brutus een dolk in de rug van Caesar/Cals steekt,[5] was geboren.

Eenlettergrepige uitingen die voortkwamen uit onwetendheid, want het probleem waarom het ging wás ook niet zo tastbaar en dus kon het niet echt verrassen dat mensen met een voorkeur voor samenwerking met de PvdA zich heel makkelijk opwonden. Samen met leden uit fractie en partij trok ik noord, oost, zuid, west door het land en voelde me zeker, want wat er ook in mijn nadeel werd gezegd en geschreven: wij hadden gestreden met open vizier, gebruikmakend van eerlijke democratische middelen en niet (zoals mij keer op keer in de schoenen werd geschoven) met achterbakse methoden.

Bovendien: is het niet zo dat het door het volk gekozen parlement de plicht heeft een eigen verantwoordelijkheid hoog te houden tegenover welk kabinet dan ook?

Een andere reden waarom we door het land trokken was de omstandigheid dat we toen leefden in een tijd waarin financieel-economisch beleid voor een groot deel van de bevolking (en van de media) een tamelijk ontoegankelijke, abstracte materie was.

Het zou trouwens nog even duren voordat het in de publieke opinie gemeengoed werd dat een gezond financieel-economisch beleid voorwaarde moest zijn voor een positief sociaal beleid en dat een ontsporend financieel beleid heilloze gevolgen kon herbergen in de zin van geldontwaarding en werkloosheid.[6]

Maar in oktober 1966 was de ontknoping in 'de Nacht' het overschrijden van een heilig lijkende grens. Zelfs voor een niet gering deel van de pers, van waaruit toch al sinds ruim een jaar bezorgde tot zeer kritische geluiden richting het kabinet kwamen. De val van een kabinet veroorzaakt door een 'bevriende fractie', het kon niet en het mocht niet!

Tijdens de rondreis door het land was de aanwezigheid van Marga Klompé een wezenlijke: het was duidelijk dat zij in overweldigende mate vertrouwen kreeg. De kring Limburg verwelkomde ons zelfs met een spontaan: 'We shall overcome!'

En toen, vier maanden na 'de Nacht', kwamen de verkiezingen van februari 1967, die ons, 'de brekende partij', van vijftig op tweeënveertig zetels bracht en de PvdA zes zetels verlies opleverde. Het kabinet-De Jong trad aan, de hoge golven van emotie leken tot rust te komen op het strand. 'Leken', want uiteenlopende stromingen binnen de KVP begonnen zich nu duidelijk af te tekenen: de christenradicalen (met onder andere Van Doorn, Bogaers en Aarden) zetten zich af tegen een toenadering tussen KVP, ARP en CHU. Daarnaast was er Couwenberg, die met zijn Democratisch Centrum richting een gedeconfessionaliseerde partij wilde. Dan de groep rond professor Van der Grinten die een samenwerking KVP/PvdA als de ideale route zag, en ten slotte de grootste groep waartoe ik mezelf rekende: de voorstanders van één christendemocratie die zich zou aansluiten bij de Europese Unie van Christen-Democraten.

Het kan niet verrassen dat het bestaan van al deze stromingen een uitgesproken verlammend effect had op het kiezen van een nieuw Dagelijks KVP-Bestuur begin 1968. Een zo evenwichtig mogelijke samenstelling van dat bestuur leek nauwelijks realiseerbaar, vooral omdat een groep radicalen vond dat ze zich onvoldoende vertegenwoordigd zag in de aangedragen voorstellen.

Tijdens overleg met partijvoorzitter Aalberse en Van Lieshout, de Eerste-Kamerfractievoorzitter van de KVP, opperde ik de gedachte een commissie van bemiddeling in te stellen die de verschillende groeperingen in de richting van een verzoening zou kunnen brengen. Vier KVP-leden werden hiervoor gevraagd en alle vier bleken ze ogenblikkelijk bereid: Carl Romme, oud-fractievoorzitter en getalenteerd verzoener, Jan Maenen, Kamerlid en gerespecteerd lid van de katholieke vakbeweging, de onafhankelijke geest Karel van Rijckevorsel en ... Jo Cals. Na alles waaronder hij had geleden in en na 'de Nacht', wilde hij zich toch zonder aarzeling inzetten voor een verzoeningspoging tussen diverse denkrichtingen.

Een inzet die al vrij snel hard nodig zou blijken: midden februari was de KVP namelijk aan de beurt in de zendtijd voor politieke partijen en ik was door de partijleiding en voorlichter gevraagd daarin op te treden. Een uitgelezen kans om nu eens niet te werven voor één partij, vond ik, maar naar buiten te komen met een duidelijk signaal dat de drie christen-democratische partijen elkaar in de politieke ontwikkeling van Nederland niet meer zouden loslaten en dat er bij kabinetsformaties voortaan sprake zou zijn van 'samen uit, samen thuis'. Mijn vriend Biesheuvel van de CHU en collega Mellema van de CHU vonden het een uitstekend plan en zo werd die uitzending een presentatie van drie partijen die werkten aan een gezamenlijke toekomst.

Dat ons optreden niet in goede aarde zou vallen bij de 'radicalen', die met name bezorgd waren over de door hen gevreesde conservatieve factor CHU, had ik wel verwacht, maar dat hun reactie er een was alsof er een bom onder hun stoel was geplaatst, verraste me eerlijk gezegd.[7] Pas tijdens het fractieoverleg na afloop begreep ik dat ze

de uitzending beschouwden als een bewust opgeworpen blokkade tegen hun plannen richting vorming 'bundeling progressieve krachten'. Door één korte tv-uitzending was er dus haarscherpe, tastbare politieke duidelijkheid! Op 25 februari presenteerden 'de wijze verzoeners' tijdens een persconferentie hun advies voor de samenstelling van het KVP-Dagelijks Bestuur: voorzitter: Van der Stee, vice-voorzitters: Truus Kok (fractielid en deskundige in sociale zaken), Pieter Bogaers (oud-minister met veel vertrouwen in kringen van radicalen en vakbeweging) en Harry Elsen (sociaal-economisch deskundige uit werkgeverskring). Aan deze personele suggestie voegde de commissie toe dat ieder lid van het DB en andere bestuursorganen zich ervan bewust moesten zijn *de gehele partij* te vertegenwoordigen, dus dat het zaak was zich – na vrije interne discussie – in het openbaar te gedragen overeenkomstig de genomen beslissingen. Hoe vanzelfsprekend dat vandaag mag klinken, de toevoeging bleek in de omstandigheden van toen allerminst overbodig!
Een dag later traden tijdens een vergadering van de 'radicalen' in Utrecht, Aarden, Van Doorn, Jansen en Kessel uit fractie en partij. Een ander groepje – waaronder Bogaers en Jurgens – verlieten de partij om te werken aan de oprichting van de PPR (later deel van GroenLinks). Toch bleek na die nachtelijke vergadering dat er nog heel wat 'radicalen' de partij niet de rug wilden toekeren. Dick Laan bijvoorbeeld werd in de plaats van Bogaers vice-

voorzitter en er kwam een verklaring van een aantal prominente 'radicalen' waarin stond dat ze het rapport van
'de wijze mannen' als een redelijke basis beschouwden
om vertrouwen te herstellen en er voor hen geen zekerheid bestond over een andere wijze waarop hun idealen
konden worden verwezenlijkt. Tot de ondertekenaars
hoorden: Bartels, Cals, Van der Gun, Laan, Mommer-
steeg en Westerterp.

Allemaal mensen met wie ik toen en later in vertrouwen
heb samengewerkt.[8]

Het heeft vrij lang geduurd voordat de ware achtergronden, de werkelijke motieven die in 'de Nacht' bepalend
waren, werden belicht.

Vijfentwintig jaar later, in oktober 1991, werd in theater
en op televisie een 'politieke burlesque' opgevoerd: 'De
Nacht van Schmelzer', geschreven door Martin van
Amerongen, de helaas in 2002 overleden hoofdredacteur
van de *Groene Amsterdammer*. In zijn ludieke eenakter
veegt de politiek onafhankelijke Van Amerongen de vloer
aan met de mythe dat er sprake was van moord met voorbedachten rade.

Op 11 oktober 1991 wijdde de Koninklijke Academie
van Wetenschappen een zitting aan 'de Nacht'. De eerder
geciteerde professor Righart kwam in zijn rede onder
andere tot de volgende beoordeling : 'Natuurlijk was het
kabinet door Schmelzers toedoen gevallen, maar tegelij-

kertijd was het óók gestruikeld over zijn intransigentie, het gebrek aan politieke realiteitszin en de verslechterde coalitieverhouding. Schmelzer moest zijn hoogste troef op tafel leggen of de pot verbeuren.' Hierbij nam Righart als achtergrond van de gebeurtenissen een bepaalde structurele tendens in de partijpolitiek waar en wees er op dat 'men daarbij niet uit het oog mag verliezen dat de electorale erodering van de katholieke partij al veel langer bezig was. De ogenschijnlijk stabiele positie van de KVP markeert de al sinds de jaren vijftig afnemende politieke orthodoxie onder de katholieken.'[9]

Tijdens die zitting van de Academie van Wetenschappen trad ook Ed van Westerloo op, tijdens 'de Nacht' verslaggever van KRO-Brandpunt. "Ik had van het hele betoog geen jota begrepen", zei hij, "ik kon er geen touw aan vastknopen en ik wist – ik geef dat na 25 jaar grif toe – nauwelijks waar het over ging. Dekkingsplannen en uitgavenpatronen rolden over elkaar heen maar een touw was er niet aan vast te knopen. Hetzelfde gold later voor het antwoord van Vondeling en dus stond ik 's avonds ontredderd op de perstribune ... Het (de motie-Schmelzer, red.) klonk mij uiterst redelijk in de oren en ik begreep niet waarom PvdA-fractievoorzitter Nederhorst zei dat dit een motie van wantrouwen was." Van Westerloo wachtte na afloop premier Cals op en vroeg: "Wat vindt u ervan dat u bent weggestuurd door uw eigen KVP?" Waarop Cals antwoordde: "Wie mij kent en weet hoe lang ik voor de KVP heb gewerkt, kan dat zelf wel bedenken." En op de vraag waar hij zou gaan wonen nu hij het Catshuis moest verlaten klonk: "Dat zal voorlopig wel de kampeerwagen worden."

"Zijn stem raakte bijna verstikt", herinnerde Van Westerloo zich, "en toen hij daarop met zijn echtgenote in zijn auto verdween, dacht ik een traan op zijn gezicht te zien. Kort na zes uur reed ik terug naar Hilversum. De weg was leeg, ik voelde me alleen op de wereld. En in een flits besloot ik dat het wegsturen van Cals en de zijnen onrechtvaardig was. God, wat kreeg ik de pest aan het gedrag van Schmelzer. Ik had het gevoel alsof ik het einde van een tijdperk had meegemaakt en dat we van een periode van vernieuwing en verfrissing (en daar ben je als je jong bent toch altijd voor), zouden terugvallen naar een periode waarin conservatisme en 'terug naar af' weer de boventoon zou voeren Schmelzer, dié moest worden gepakt!"[10]

Deze ontboezemingen van Ed van Westerloo vind ik even moedig als indicatief. Want: zo bepalend kan emotionaliteit voor een imago dus zijn. Zelfs, of juist, op het gebied van politieke oordeelsvorming. Geen wonder dus dat in 1966 zowel de Brandpuntredactie als de hele KRO (met Van Doorn als voorzitter), gespannen als een boog stonden tegenover de KVP en tegenover mij in het bijzonder.

In zijn boek *Katholieke Volkspartij 1945-1980*
beschrijft de historicus professor J.A. Bornewasser
ook de andere, meer positieve houding ten opzichte
van de fractie en mij, die met name tot uiting kwam tijdens de partijraad van 22 november 1966, dus vlak na
het met onze steun tot stand gekomen interim-kabinet-Zijlstra. 'Tegen de verwachting van menigeen', aldus
Bornewasser,'[11] betoonde Cals zich middelerwijl ondanks zijn aanvankelijke gekwetstheid een trouw partijlid. Aan correspondenten liet hij weten dat naar zijn
mening de fractie naar eer en geweten was opgetreden. En
bij NKV-voorzitter Mertens kroop het KVP-bloed waar
het niet gaan kon. Onder handhaving van zijn zienswijze
sloot hij zich aan bij de voorzitter waar deze had gezegd
dat het in een partij als de KVP mogelijk moet zijn om bij
verschil van inzicht respect te blijven bewaren voor
elkaar.' En van de media constateert Bornewasser dat 'die
deze keer betrekkelijk positief waren. Schmelzer zou
krachtig en trefzeker hebben gesproken, zowaar enkele
keren een Rommeaanse gloed hebben getoond, hetgeen
het tot twee maal toe staande applaus kon verklaren'.
Wellicht kan wie dit leest denken dat die manifestatie van
steun niet zo bijzonder was omdat daar in het casino van
Den Bosch tenslotte de 'establishment' van de partij aanwezig was. Maar zo simpel ligt dat niet, er is tijdens die
partijraad sprake geweest van zeker zeventien pittige
interventies. Toch mag de uitgesproken krachtige steun

en het overduidelijk getoonde vertrouwen van die dag niet worden onderschat, immers: om in het politieke bestel te kunnen overleven en invloed van betekenis uit te oefenen moet er worden voldaan aan op z'n minst twee voorwaarden: bezieling, (het delen van een rotsvaste overtuiging in eigen idealen door iedereen: leiding en medewerkers) en het kunnen rekenen op een door dik en dun trouwe achterban.

Als die twee factoren aanwezig zijn, moet een politieke beweging in staat zijn op te tornen tegen bespotting, populistische kritiek en golven van verguizing door sceptici, oppositie en media. Daarbij vind ik het interessant en leerzaam om vast te stellen dat het mogelijk blijkt door middel van het herhaaldelijk afleggen van verantwoording en het steeds opnieuw bereid zijn uitleg te geven vanuit respect voor mede- en tegenstander, tenslotte te motiveren tot een meer milde dan wel realistische kijk op politiek gedrag dan in de hitte van de strijd het geval was.

Het zal duidelijk zijn, in dit eerste hoofdstuk heb ik alle motieven in beeld willen brengen die volgens mij de fractie en mij hebben geleid. Waarom?

Naar mijn mening is het, als je een realistische verklaring van een politieke crisis wilt geven, niet voldoende om alleen maar nader in te gaan op het onderwerp waarop het meningsverschil betrekking heeft, omdat omgevingsfactoren die elk van de betrokken partijen raken en mede beïnvloeden, zeker een wezenlijke rol spelen. En ook al is het onvermijdelijk (zoals in de Nederlandse situatie) dat meerdere partijen het land moeten besturen op basis van een gezamenlijk regeerakkoord, het wil niet zeggen dat de eigen, unieke verantwoordelijkheid van de volksvertegenwoordiging wordt uitgeschakeld! Juist dié moet als waarborg van ons democratisch stelsel effectief en geloofwaardig blijven, óók als dit leidt tot een dramatische crisis.

Het blijkt heel wel mogelijk dat een politieke partij zo'n crisis, die de eigen gelederen splijt, toch overleeft. Ik zei het al eerder: dan is het zaak dat de leiding werkt op basis van fundamenten, van uitgangspunten en die via een heldere koers weet over te brengen naar – en te doen steunen door – trouwe geestverwanten. Een verre van simpel proces, zeker in het geval van 'de Nacht', omdat die heeft aangetoond dat er in grote mate mede wordt gedwarsboomd door beoordelaars van 'buiten' (met name een overgroot deel van de media), die een crisis als deze verklaren op grond van uitsluitend machtspolitieke factoren en persoonlijke rivaliteiten, in plaats van de moeite te nemen doorslaggevende principiële uitgangspunten te bekijken. Hoe komt dat toch? Vergt het bestuderen daarvan misschien teveel tijd of is het puur scepticisme?

Sinds 1966 hebben zich zoveel mensen met dit onderwerp beziggehouden en krijg ik zo regelmatig verzoeken van studenten of scholen om hier over te komen spreken

25

en te discussiëren, dat het me toch nuttig leek het hele verhaal nog eens op een rijtje te zetten, om nog één keer recht te doen aan de politieke crisis, die pas laat van andere kanten dan een eenzijdige werd beoordeeld. Nog één keer – misschien ten overvloede, maar toch – de aandacht te vestigen op het feit dat deze 'Nacht' wél labiliteit en haperingen van politieke verhoudingen aan het licht bracht, maar zeker níet 'de' aanleiding kan worden genoemd (zoals meer dan eens het geval is) voor 'de' verstoring in de verhoudingen in 'de' Nederlandse politiek. Wat er wél kwam na oktober 1966 was duidelijkheid en een meer gezond financieel spoor waarop het land werd gezet, eerst door het interim-kabinet-Zijlstra, daarna door het kabinet-De Jong. Uiteindelijk was dát waar het mijn fractie en mij om ging. Het moge naïef klinken, maar wat anderen ook over 'de Nacht' hebben gezegd en geschreven, toen en nu: wij handelden vanuit de eerlijke overtuiging dat wij daarmee het landsbelang dienden. En aan die eerlijkheid – hoe pijnlijk de gevolgen ook kunnen zijn – was, is en blijft behoefte in de politiek. ❖

2
Land van herkomst: Europa

Eerlijk gezegd had ik gehoopt dat tijdens de duik in mijn familievoorgeschiedenis Johann Heinrich Schmelzer, een voorloper van de grote Bach, tevoorschijn zou komen als voorvader van mijn muzikale broer en mij. Geboren in Wenen tussen 1620 en 1623 en in 1680 gestorven in Praag, werd hij mede dankzij Nikolaus Harnoncourt in grotere kring bekend. Schmelzer werkte als violist, componist en dirigent aan het hof, waar hij als eerste Oostenrijker de jarenlange hegemonie van Italianen doorbrak. Het leverde hem een prachtige titel op: 'Schmelzer von Ehrenruf'. Helaas liep de speurtocht van mijn vrouw en mij (langs onder meer de Muziekbibliotheek in Wenen en de meest schilderachtige gemeentelijke en kerkelijke administraties) definitief vast vanwege een door brand verwoest kerkarchief in een klein Oostenrijks dal, waar zowel afstammelingen van de componist als mijn verre voorvaderen hadden gewoond. Helemaal onwaarschijnlijk hoeft het dus niet te zijn, maar echt raak? Daarvoor leidt het ontbreken van feitelijke informatie over twee generaties werkelijk tot teveel vaagheid, maar wat de zeventiende-eeuwse componist en mijn voorouders, behalve liefde voor muziek, zeker gemeen hebben is het zwerven door Europa. Laat ik me beperken tot de generatie boven mij.

Mijn moeder Marie Hélène was de jongste dochter van Niklaus Zangerlé, een in Bitburg neergestreken Luxemburger die in tegenstelling tot zijn voorouders (voornamelijk werkzaam in 'honkvaste' beroepen als notariaat en rechterlijke macht),[1] het reislustige beroep beoefende van groothandelaar in textiel. Hij was getrouwd met mijn Hongaarse grootmoeder, die luisterde naar de in mijn kleine (jongens)oren geheimzinnig klinkende naam Catharina Thilmanyi. Toen zij zes jaar na de geboorte van de jongste (mijn moeder) plotseling stierf, vertrok Niklaus voor een lange reis door Noord-Amerika,[2] de opvoeding van Marie Hélène overlatend aan haar vier zussen en huisonderwijzeressen. Een opvoeding waarin plaatsing als leerlinge in Sacré Coeur-internaten paste. Na die kostschooltijd in Metz en Brussel, vertrok mijn moeder naar Londen voor 'een jaartje Engelse taal'. Contact met Engelsen zal zeker plaats hebben gevonden maar haar speciale aandacht ging toch uit naar een twee jaar jonger heerschap dat galant haar boeken droeg en haar op zondagen over de Theems roeide, zij onder het parasolletje, hij voorzien van strooien hoed.

Deze jongeman, Wilhelm Jacques Schmelzer was stagiair bij de Dresdner Bank.[3] Zijn familie kwam uit Lotharingen, de Franse grensstreek van waaruit het maar een stapje van vijftien kilometer is naar het Saarlandse provincieplaatsje Saint Ingbert, waar zijn vader was benoemd als bankdirecteur en waar zijn moeder Cathérine Jost, vandaan kwam. Omdat mijn vader in de voetsporen van zijn vader het bankvak in wilde maar er, vers van het gymnasium, niet veel voor voelde te blijven hangen bij familie in grensstadjes als het Saarlandse Saint Ingbert of Sarreguemines in Lotharingen, ging hij eerst economie studeren in Genève, waarna bankstages volgden in Milaan en Londen. Begin 1914 verloofde hij zich daar met Marie Zangerlé in het zonnige vooruitzicht binnen een jaar te kunnen starten met een bankcarrière, liefst in Frankrijk of Italië. Maar ... het was 1914 en Schmelzer kwam weliswaar uit een familie die er al generaties lang aan was gewend vanwege 'grenscorrecties' regelmatig van nationaliteit te moeten wisselen of te verhuizen. Echter op het moment dat de Eerste Wereldoorlog uitbrak, heette Sarreguemines weer eens Saargemünd en daarmee werd de uitgesproken a-politieke bankstagiair van de ene op de andere dag 'vijandig staatsburger' en internering op het eiland Man volgde. Een beklemmende, maar geen dramatische tijd die hij grotendeels kon vullen met viool spelen, schaken, leren schilderen en cursussen economie en bankwezen geven aan medelotgenoten. Intussen verlangend naar een huwelijk met zijn verloofde (een verlangen dat vurig werd gedeeld: "Ik heb werkelijk geen ogenblik belangstelling gehad voor iemand anders!" vertelde mijn moeder ons later). Zodra hij na de oorlog zijn stage in Londen had voltooid, aanvaardde hij de eerste de beste baan die hem werd aangeboden; niet in het Frankrijk of Italië van zijn verlanglijstje, maar in het verre Berlijn waar in juni 1919 het huwelijk plaatsvond op het stadhuis van Lichterfelde.

Hoe gelukkig ze samen ook waren, Berlijn beviel helemaal niet[4] en advertenties in welke krant dan ook werden uitgespeld, waarbij aanbiedingen uit Frankrijk en Italië nog steeds de meeste aandacht hadden. Het werd ... de Rotterdamse Bank Vereeniging die een medewerker zocht met, naast bankervaring 'kennis van Duits, Engels, Frans en Italiaans in woord en geschrift'. Mijn vader was duidelijk het antwoord op hun vraag en in 1920 begon het leven in Rotterdam, waar ik werd geboren op 22 maart 1921 als Wilhelmus Klaus (naar grootvader Niklaus, afgekort omdat 'N.N.' als voorletters mijn ouders niet aantrok) Norbert. Op 3 mei 1922 volgde mijn broer Helmuth Paul.

Een gelukkige jeugd in Rotterdam-West op klanken van allerlei Europese talen in de meest uiteenlopende klankkleuren, behalve Nederlands dat ik pas behoorlijk leerde vanaf mijn zesde jaar in de Rauwenhoffstraat op de Wester Schoolvereniging, een tamelijk keurige school waarvoor behalve schoolgeld ook aankoop van obligaties werd gewenst. Toch heb ik magnifieke herinneringen aan die school waar ik naast de verplichte leerstof ook uitgebreid timmerles, koperbewerking en borduurles kreeg. Mijn vakje 'treurige schoolherinneringen' is dan ook klein, wordt grotendeels gevuld door de mededeling van mijn juf Van Neuren dat ze ging trouwen met mijnheer Versteeg. Deze was vertegenwoordiger in verzekeringen en dan wel niet zo'n rover als ik me had voorgesteld, maar door zijn aanzoek aan mijn juf toch boef genoeg om me de weg van school naar ons huis op de Beukelsdijk huilend te doen afleggen.

Gelukkige schooltijd, gelukkige jeugd, wat wil een mens nog meer? Het Rotterdam van voor de Tweede Wereldoorlog had opgroeiende jongetjes veel te bieden: veldjes en braakliggende terreinen waarop kon worden gevoetbald en 'rover en reiziger' gespeeld, een uitgestrekte haven voor dagenlange strooptochten en 'last but not least': het door het begin van de crisisjaren steeds grotere aantal leegstaande herenhuizen om de hoek op de Heemraadsingel die uitnodigden tot 'kraken' en grondige verkenning. Twee boezemvriendjes vergezelden me daarbij: Gilbert Haakh, (die met zijn familie gelukkig in 1940 bezet Nederland zou kunnen ontvluchten, jurist werd in Los Angeles, en met wie ik nog steeds goed contact heb) en Gerard Blom, die als bosbouwer in Canada zou terechtkomen. Gerard woonde aan het G.W. Burgerplein in een kast van een huis dat door ons tot in de kleinste hoekjes luidruchtig werd beleefd. Het was een huis dat bruiste, Gerards moeder had bijvoorbeeld een eigen kamer waarin ze zich aan een professionele werkbank uitleefde in timmerwerk en koperbewerking en op de grote zolder speelden wij met een groeiende club vrienden[5] met treinen zonder te vergeten heftig te studeren op de circus 'acts' die wij wilden vertonen aan ouders en vriendjes. Het huis zou later te maken krijgen met een on-Nederlands mediacircus vanwege de moord op de laatste bewoner, Pim Fortuyn.

Kans om vriendinnetjes uit te zoeken was er nauwelijks, die werden ons namelijk toebedeeld door de meisjes uit de vijfde en zesde klas. Van tijd tot tijd hielden ze een 'vergadering' waarin ze iedere jongen resoluut koppelden aan een meisjesnaam. Tegenspraak uitgesloten. Hoewel dit achteraf kan worden beschouwd als een ferme stap richting vrouwenemancipatie, herinner ik me niet meer of wij jongens daar nu zo enthousiast over waren. Van hechte vriendschappen of spannende gevoelens was in ieder geval bij mij noch bij mijn broer sprake.

In 1933, het jaar waarin Europa het begin meemaakte van een gruwelijke ontwikkeling door de verkiezingswinst van Hitler, verhuisden we naar Wassenaar omdat mijn hartstochtelijk tuinierende vader geen stadsmens was én omdat wonen in Wassenaar eenvoudigweg een stuk goedkoper bleek te zijn vanwege de aanzienlijk lagere lokale belastingen. Ons huis Laan van Koot 39 (na de oorlog omgeadresseerd in Duinrooslaan 7) had precies de tuin waarvan mijn vader ongestoord zijn 'garden of Eden' kon maken, een intiem, niet te groot stukje grond dat grensde aan een stuk duinlandschap, waaraan ik nog wel eens

terugdenk als ik door de keurig aangeharkte laantjes fiets
die daar nu zijn aangelegd. Toen wij er kwamen wonen
was het een heerlijk ruig terrein waar mijn broer en ik
met onze vriendjes konden speerwerpen, boogschieten
en kogelstoten. De overgang van Rotterdam naar
Wassenaar was op sportgebied tamelijk glorieus voor
mijn broer en mij, in Rotterdam enthousiaste maar
middelmatige voetballers, maar in Wassenaar ineens duidelijk de absolute sterren van de buurt, zeker op de
Kievietschool, waar mijn broer zijn lagere school
afmaakte en waar ik met één van zijn klasgenootjes,
Guup Kraijenhoff, een vriendschap sloot die tot vandaag
onverbrekelijk is.

Het is nu moeilijk voorstelbaar, maar nog meer dan in
Rotterdam ging in deze dorpse tijdloosheid het besef van
het begrip 'crisisjaren' aan ons voorbij. Onze autoloze
vader wandelde, na een ontbijt waarbij mijn moeder altijd
twee koppen thee inschonk (één om alvast af te koelen),
naar een vriendelijk stationnetje, 'Renbaan – Achterweg'
om het Hofpleintreintje te pakken naar de bank aan de
Coolsingel, en ik had het rijk praktisch alleen op mijn
fietsroute naar het Aloysius-gymnasium aan de Haagse
Oostduinlaan. Een katholiek gymnasium, hoewel mijn
van huis uit katholieke ouders absoluut geen kerkgangers[6] waren en eerder een levensbeschouwelijke instelling
hadden die sterk humanistische trekken vertoonde waarin katholiek onderwijs geen prioriteit had. Maar ook hier

speelde de spaarzaamheid van de bankman een belangrijke rol. Het Stedelijk Gymnasium in Den Haag vroeg namelijk een behoorlijk bedrag voor niet-Hagenaars dus de stap naar de Jezuïeten, die bijzonder weinig schoolgeld verlangden, was snel gemaakt en ik werd welkom geheten zonder toelatingsexamen omdat ik dat al had gedaan voor het Erasmiaans Gymnasium in Rotterdam.

Wonen in Wassenaar betekende niet het contact verliezen met bijvoorbeeld Gerard Blom, met wie ik in 1937 een prachtige boottocht maakte. Gerards vader was directeur bij het familiebedrijf van zijn moeder (Abraham van Stolk en Zonen) en ik mocht mee op een vrachtschip van Vinke Houtvaart dat in het Zweedse Lulea boven aan de Botnische Golf hout ging laden na een tussenstop in Malmö, waar Duitse kolen werden gelost. Aan boord van dat schip speelde ik, gelukkig tot genoegen van de bemanning, voor het eerst op Gerards accordeon wat, zelfs bij het leren bedienen van de bassen, toch makkelijker was dan ik had verwacht maar misschien kwam dat door mijn bekendheid met kruizen, mollen en opbouw van akkoorden dankzij mijn pianolessen.[7] Mijn vader en broertje speelden allebei viool en een dag zonder serieus muziek maken kwam thuis nauwelijks voor, eigenlijk was mijn moeder de enige die zich beperkte tot het lichtere genre, haar versie van het Ierse ''t Is the last rose of summer' galmde regelmatig via de open ramen de tuin in.

Ik zei het al, mijn ouders waren geen kerkgangers en ook

mijn broertje liet me alle vrijheid om in mijn eentje naar de kerk te gaan, wat ik graag en vaak deed want hoewel ik me verzette en blijf verzetten tegen een monopoliepositie van welk geloof dan ook als 'hét ware geloof', de eucharistieviering en de daarbij horende liturgie zijn mij blijven aanspreken als een weldadig uitstijgen boven de materialistische verklaring dat alle leven een puur chemisch proces is.

Het appel van Christus om verantwoordelijkheid te dragen voor jezelf, de mensen om je heen en de schepping als geheel, maakte diepe indruk op me, vooral wanneer ik in mijn eentje onder een heldere sterrenhemel over bevroren weilanden van boer Koot naar de kerstnachtmis liep en me oprecht deelgenoot voelde van een overweldigende kosmische eenheid. Inderdaad, u leest het boek van een romanticus.

Vermoedelijk sluimerde die wil tot verbondenheid met het christelijk geloof al lang in een hoekje want erg veel moeite heeft het ze niet gekost om mijn gedachten in deze richting aan te wakkeren, de leraren op het Aloysius college, dat zo'n immense invloed op me heeft gehad. Achter de helft van de leraarsnamen stond 'S.J.' (societatis Jesu); geestelijken die in het paterhuis op het schoolcomplex woonden en alle tijd hadden – en maakten – om zich met de opleiding en vorming bezig te houden van de leerlingen die waren verdeeld in twee groepen: de jongens uit Den Haag en omstreken, en de 'internen', van wie er

35

nogal wat 's morgens quasi nonchalant kuierden over het pad tussen het internaat[8] en de school met een verse courant in de buitenzak van hun kostuum en een shawl in bestudeerde achteloosheid om de hals gedrapeerd. (Een houding waaraan ik nog wel eens terugdenk als ik in een restaurant mannen zie binnenkomen met de handen in de zakken en een sweater gedrapeerd om de schouders.) Deze elitaire trekjes die, zoals alle elitaire trekjes, nergens op waren gebaseerd, werden vooral door de 'leken'-leraren al dan niet met succes keihard spottend afgestraft.

Het moge duidelijk zijn, op het Aloysius College zaten uitsluitend jongens.[9] Het woord 'meisjes' werd niet eens uitgesproken en seksualiteit was een onderwerp dat vol dreigende hel en verdoemenis werd behandeld. Op dansles gaan was een bezigheid die ernstig werd ontraden en als ouders het tóch per se wensten, dan mocht zoonlief alleen maar naar een katholieke dansschool (want stel je voor dat je oog zou vallen op een niet-katholiek meisje!). Mijn ouders, met een duidelijke voorkeur voor vrije keuze, schreven mij en mijn broertje zonder aarzelen in bij de Fransman Rocco Dubois, die in een stijlvol, helaas later afgebroken huis in de Haagse Jan Pieterszoon Coenstraat een bekende, aan geen enkele godsdienst gelieerde dansschool leidde.

Zo hinderlijk verkrampt als de houding was ten opzichte van alles wat met vrouwen had te maken, zo vitaal en aansprekend vond ik de vorming op geestelijk, cultureel, sportief en sociaal terrein. Voor verveling was op het Aloysius College nauwelijks plaats; we hadden behalve een eigen orkest en toneelgroep, een eigen voetbalclub (Groen-Geel VAC) en hockeyclub (Groen-Geel HAC), een verkennerij 'Jan Roothaan' en een 'Academie' waarin voordrachten over literaire en filosofische onderwerpen leidden tot lange en felle discussies. Of tenminste tot opgetrokken wenkbrauwen vol scepsis die de verfijnde, uitsluitend op klassieke muziek gerichte leraar Nederlands, pater Heesterbeek, vertoonde tijdens mijn enthousiaste voordracht over jazz met als hoofdpersoon mijn idool Benny Carter. Het Aloysius College stond voor een heerlijke combinatie van ontplooiing in hobby's en voorbereiding op het kiezen van een eventuele beroepsrichting. Omdat ze in het orkest geen pianist konden gebruiken, was dat de enige 'club' waarvan ik, in tegenstelling tot mijn viool spelende broer, geen lid was en mijn broeierig neergezette Mephisto-rol in Calderón de la Barca's *Het leven is een droom*, alsmede mijn eindeloos gesjouw als herder in Marie Koenens Kerststuk *Waar de sterre bleef stille staan*, maakten mij duidelijk dat een toekomst als acteur tot het terrein der onwaarschijnlijkheden behoorde. Des te groter was mijn enthousiasme voor de actieve kampeerreizen met de verkennerij en de verstilde jaarlijkse retraites in 'Loyola' in Vught, die appelleerden aan mijn werkelijk niet te stillen honger naar studie, bezinning en gebed. De dag beginnen in een stille kloostercel, ongestoord kunnen grasduinen in de rijke bibliotheek, het fascineerde me zonder grenzen. Wilde ik zelf dan geen jezuïet worden? Natuurlijk wilde ik dat, even graag als medicijnen studeren! Maar tussen droom en daad .... Al gauw bleek dat ik noch geschikt was voor gymnasium bèta, noch voor het zien van bloedende wonden of ingrijpende verminkingen, dus dokter worden was van de baan. Althans, voor mij; mijn broer heeft zijn leven gewijd aan de patiënten van zijn huisartsenpraktijk in het Gelderse Dieren en omgeving. Dan dus tóch de geestelijkheid in? Hoewel ik tot op dat ogenblik bitter weinig kansen had om één en ander in de praktijk te toetsen, was ik er steeds meer van overtuigd dat een leven als celibatair niet voor mij was weggelegd. Drie van mijn klasgenoten hebben die stap wél gezet: Jacques Mulders en Gerard Zaat werden jezuïet, en Ferry Delfgauw, de zoon van mijn pianoleraar, trappist. Hem wachtte de meditatieve zwijgzaamheid en onthechting die mij op retraites altijd zo hadden aangesproken. En nog jaren later, als ik hem opzocht en aan de zware trekbel trok van het klooster waarin hij mij ontving in zijn hoedanigheid van broeder-portier, overviel me de weldaad die kloosterlijke soberheid kan zijn in een sfeer van mildheid zonder bijgedachten, zo ver van de politieke turbulentie waarvoor ik toen al had gekozen.

De keuze voor de politiek, althans voor het inslaan van een richting waarin ik mee kon bouwen aan ontplooiing van mensen in de samenleving, werd me stapje voor stapje duidelijker. De facultatieve lessen sociologie waarin pater dr. Borret wetenschappelijk onderbouwde beschouwingen hield over mens en maatschappij, hadden enorme impact en droegen ertoe bij dat ik, toen ik economie ging studeren, niet koos voor Amsterdam of – wat mijn vader leuk had geleken – Rotterdam, maar voor de kleine hogeschool in Tilburg, omdat daar ethica, logica, psychologie en sociologie verplichte vakken waren en de lessen op het Aloysius College me ervan hadden overtuigd dat economie alleen kan worden verantwoord in integrale samenhang met die vakken. Economie als doel op zichzelf, als wetenschap over materiële behoeftebevrediging, was een ver-van-mijn-bedshow. Daarbij kwamen de aardverschuivende geschiedenislessen van leraar Cools, die ons in de vijfde klas gymnasium met dreigende nadruk de raad gaf *Mein Kampf* van Hitler te lezen omdat, zo stelde hij, wij anders van de moderne geschiedenis niets zouden begrijpen. Het was 1938, ik was zeventien, kocht het boek en was verbijsterd. Het exemplaar staat nog in mijn kast, achthonderd bladzijden eigenwaan en haat die ik had voorzien van strepen en uitroeptekens, er niet aan twijfelend dat zou worden geprobeerd uit te voeren wat er in stond over heerschappij van 'het arische ras' en uitroeiing van joden. (Later ben ik even verbijsterd geweest toen ik erachter kwam dat de meeste politici van toen *Mein Kampf* niet eens hadden gelezen, vermoedelijk vanuit de gedachtegang 'het zal allemaal wel loslopen'). En tegelijkertijd bedacht ik dat, als zo'n krankzinnige ideologie een beslissende grondslag kon vormen voor een staatkundig bestel, het ook mogelijk moest zijn op basis van een ander soort ideologie politiek te bedrijven, namelijk op basis van christelijke grondslagen zonder 'superioriteitsgedachte' over welk ras dan ook. Politiek kón in mijn beleving eenvoudigweg niet 'waardevrij' zijn.

Hoe vooroorlogs katholiek ook, het gedoceerde katholicisme op het Aloysius College heeft mij nooit echt bekneld, ik herinner me niet meer dan één aanvaring met regels van orde en één keer een essentieel meningsverschil van diepere aard. De reden van mijn aanvaring met de regels van orde had een volgens mij – hoe kan het anders – bijzonder geldige reden; ik had namelijk als facultatief opstelonderwerp gekozen: 'De verderfelijkheid van het Nederlandse schoolsysteem' omdat ik er, bij alle tevredenheid over mijn eigen school, van overtuigd was dat het Nederlandse schoolsysteem als zodanig veel te rationalistisch was. Aan de uitwerking van mijn argumentatie offerde ik zonder onderbreking van betekenis middag-, avond- en nachtelijke uren, een volgens mijn moeder zorgelijke ontwikkeling die ze probeerde te compenseren door mij de volgende ochtend maar eens lekker te laten uitslapen. En zo moest ik, de bevlogen hervormer van het onvolmaakte schoolsysteem, ruim drie uren te laat op school aan de pater prefect uitleggen met welke missie ik mij had beziggehouden de afgelopen nacht ... Natuurlijk kreeg ik voor het te laat komen straf, zij het met een glimlach.

In de vijfde klas kregen we een godsdienstleraar met wie ik 'de degens kruiste' over het geloof. Hij betoogde namelijk dat het rooms-katholieke geloof het enige ware – dus van God gegeven – geloof was. Mijn verzet was, ondanks mijn persoonlijke verbondenheid met het katholieke geloof, direct en totaal; want waar ik niet tegen kon en kan, is de gedachte dat er één geloof, welk geloof dan ook, bestaat dat zoiets durft te pretenderen! Het enige tegenargument dat ik op dat ogenblik kon vinden bleek tegelijkertijd het zwaarste te zijn: 'Voor de Heer zijn toch alle mensen gelijkwaardig, iedereen heeft toch dezelfde genadegaven gekregen? Vond de leraar niet dat de door hem aangekaarte, elitaire, discriminatie in strijd zou zijn met het wezen van de Schepper?' Dit keer kreeg ik geen straf, geen glimlach, maar ook geen antwoord ...

Toen ik van het gymnasium kwam, begon de gedachte om me politiek dienstbaar te maken, meer en meer te groeien, maar van een idee in wat voor vorm dat dan moest was nog geen sprake. Wat natuurlijk veel belangrijker was: ik werd student! In een gehuurde auto tufte ik met mijn moeder (die coûte que coûte wilde zien waar ik zou belanden), richting kamerzoektocht in het zuiden.

Het Tilburg waarin ik in 1939 terechtkwam was een ronduit provinciaals, middelgroot industriestadje dat zo'n hogeschool wel mooi vond. Dus bij het gemeentebestuur werd altijd een luisterend oor gevonden als het ging om uitbreiding van faciliteiten en de burgerij, grotendeels rijkelijk rooms en voorzien van jonge dochters, haalde de studenten gastvrij binnen. Woningnood was een onbekende term en Lily van Dooren, derdejaars studente en secretaris van de huisvestingscommissie, overhandigde ons dan ook moeiteloos een lijst met tientallen mogelijkheden waarvan wij er per taxi veel bezochten. Maar lang niet de meeste, omdat onderweg al uitgebreid kon worden geselecteerd dankzij de taxichauffeur die, rijdend langs bepaalde huizen, uitgebreid vertelde over slechte ervaringen van een vorige lichting 'studentenvolk' in bepaalde panden. Mijn eerste 'kast' koos ik op de Ringbaan Oost 145 bij het echtpaar De Rooy omdat het ronduit enthousiast reageerde toen ik vroeg of ik een piano op de kamer mocht plaatsen. (Bovendien, en minstens zo belangrijk: de hygiënische toestand van hun sanitair doorstond glansrijk de inspectie van mijn moeder, die bij iedere kennismaking met een potentiële hospita had gevraagd of ze 'even gebruik mocht maken van'.) De bewonderenswaardig positieve houding van mijn hospita en haar man ten opzichte van mijn muzikale activiteiten is nooit verslapt, zelfs niet toen ik urenlang begon te oefenen met de studentenband: 'The Mexican Dog'!

Naast dit muzikaal geweld was ik ook actief in de redactie van het blad *Viking*, waar ik werd verwelkomd door drie medestudenten die vastbesloten het spirituele met het spirituale verenigden. Charles Bressers, Ad Braat en Will Kint hadden namelijk geen van allen een meer dan marginale belangstelling voor de door hun ouders opgedrongen studie. Charles Bressers bracht zijn dagen lezend en schrijvend door, Ad Braat was een geboren bohémien die later beeldhouwer in Zierikzee is geworden en het hart van Will Kint lag bij de journalistiek.[10]

Ad Braat had de gewoonte zich eens per jaar drie dagen terug te trekken om grondig na te denken over de zin van het bestaan. Tijdens die dagen liet hij gedurende een half uur per dag alleen één persoon binnen om mee van gedachten te wisselen, de verloofde van Lily van Dooren, Rob van der Lugt, een tamelijk serieuze jongeman die al een studie in Leiden had voltooid en in ons groepje opviel door zijn boven-Moerdijks besef van de ernst des levens. Toen hij ons dan ook mededeelde dat Ad Braat bereid was om ons aan het eind van de drie dagen te laten delen in de uitkomst van zijn zoektocht naar de zin van het bestaan, wachtten wij dat moment met groot ongeduld af. Een trapje, spijkers en drie grote vellen papier kwamen tevoorschijn uit de kamer waarin Ad Braat tot zijn oplossing was gekomen. Hij klom op het trapje en timmerde in een stilte die strak stond van spanning de drie vellen aan de muur, drie vellen, drie dagen, drie woorden zonder enig commentaar: 'QUID EST VERITAS?'[11] De vraag van Pilatus toen hij moest kiezen tussen Jezus en Barrabas.[12] Een apotheose die passend ten doop werd gehouden en Ad liep voortaan rond als 'de filosoof', die aan ons stervelingen de gang liet naar instituut Kruysselberge, dansschool waar wij stonden ingeschreven teneinde het contact met plaatselijke schonen te activeren.

Het contact dat mogelijk was tussen studenten en professoren bleek een niet gering voordeel van studeren in een relatief klein universiteitsstadje. Cobbenhagen (Algemene Economie), Van Berkum (Financiewezen van de onderneming), De Block (Staatsrecht) De Quay (Psychotechniek) waren letterlijk en figuurlijk bereikbaar. Cobbenhagen, 'de vader van de Hogeschoolgemeenschap', hield iedere maandagavond open huis en bij Kaag (Geld, Krediet- en Bankwezen), stond op zondag na twaalf uur voor wie wilde een glas sherry klaar. Hoewel ieder van de vakken die deze mannen doceerden een eigen, specifieke expertise en aandacht vereiste, vind ik dat het totaal van de in Tilburg gedoceerde sociaal-economie, paste in een meer omvattende maatschappelijke conceptie, een meer samenbindend kader dat ik misschien het beste kan omschrijven als 'organische maatschappijvisie' en dat kort omschreven op het volgende neerkomt. Het besef moet leven dat nationale en internationale overheden het algemeen belang dienen en voorwaarden moeten scheppen voor de mens, als enkeling en als mede-mens, in vrijheid en verantwoordelijkheid. Binnen de particuliere sociaal-economische sector hebben de pro-ductiefactoren leiding, kapitaal en arbeid weliswaar eigen taken en verantwoordelijkheden, maar ze zijn niet elkaars vijand. Integendeel, een constructieve samenwerking leidt in beginsel en op lange termijn tot optimale resulta-ten voor alle betrokkenen. Ook bij samenwerking tussen de particuliere sector en overheden kunnen die bestaan. Voor maatschappelijke organisaties van welke omvang dan ook, ligt daarin een waardevolle rol. Een dergelijke 'orga-nische' maatschappijconceptie kan en moet strijd en con-flict niet uitsluiten, maar een en ander moet er wel toe lei-den dat men uiteindelijk altijd tot een gezamenlijk resultaat komt. Het gaat hier niét om een maatschappij waarin, vol-gens de Britse filosoof Hobbes, 'homo homini lupus' (de mens een wolf voor zijn medemens) is. Veel meer is het een ja-woord op de vraag 'Ben ik mijn broeders (zusters) hoe-der?' Er zijn overigens pauselijke encyclieken (Rerum Novarum 1892 en Quadragesimo Anno 1932) waarin deze organische samenleving zijn wortels vindt.

In de studentensamenleving anno 1939 floreerde een aan-tal clubs en disputen. Eén dispuut, 'A One'[13] trok mij meer dan de andere aan vanwege de combinatie van gezelligheid, spiritualiteit en cultuur; maar helaas, de 'oude acht', die het dispuut in 1933 hadden opgericht, voelden er niets voor om een nieuwe garde hun pret te laten bederven en vermoedelijk het niveau te laten dalen van het gekoesterde 'A One'. Toch bleef een klein groepje waartoe ik behoorde, veel en lang aandringen om nieuw bloed toe te laten, daarbij natuurlijk nadruk leggend op het grote verlies dat Tilburg zou lijden bij het ter ziele gaan van dit roemruchte dispuut. En nadat de 'oude acht' vaak en lang hierover hadden vergaderd, werden wij zowaar uitgenodigd om toe te treden. Een 'historische' daad, het illustere dispuut 'A One' is anno vandaag springlevend.[14]

Het zou nog jarenlang mijn wereld bezoedelen, maar op die stralende ochtend van tien mei 1940 hoorde ik het voor het eerst: het geluid van de vijand. Overal, in de lucht aanhoudend monotoon gebrom, beneden op straat het geknetter van militaire motoren. Drie jaar was het geleden dat ik was geschokt door *Mein Kampf* en ik besefte opeens dat tussen toen en nu in veel te weinig studentengesprekken serieus aandacht was geschonken aan het gevaar dat de nazi's vormden voor Duitsland, voor buurlandje Nederland en voor Europa.

En nu was de tijd tot en met negen mei voorgoed voorzien van het etiket 'vooroorlogs'.

De eerste twee jaren na de inval studeerde ik 'gewoon' door. In 1942 liet ik zelfs met kinderlijke trots visitekaartjes drukken waarop achter mijn naam 'econ. cand.' prijkte.

(Eén van die kaartjes, voorzien van warme blijken van waardering, zou ik vlak na de oorlog achter de coulissen van het Haagse Diligentia laten afgeven aan een knappe jonge vrouw die optrad in een cabaretgezelschap. Een geste die tot mijn grote teleurstelling niet werd beantwoord. Een reden daarvoor werd me pas duidelijk in oktober 2001 op de terugweg van Parijs, waar mijn vrouw Daphne een lezing had gehouden over George Sand.[15] In de Thalys zat ook de cabaretière van toen, Hella Haasse, die een kleur kreeg toen Daphne haar vertelde dat ik zo'n vijfenvijftig jaar geleden uit de verte op haar verliefd was geworden. Natuurlijk herinnerde Hella Haasse zich mijn kaartje niet, 'en bovendien was ik in die tijd al getrouwd!')

Het moedige protest van Cleveringa tegen het uitschakelen van Meijers in Leiden zou maatregelen van de bezetter tegen academische instellingen wel eens in een stroomversnelling kunnen brengen, was de mening van de senaat van het Tilburgs Studentencorps, waarvan ik abactis was.[16]
Eind 1942 kwam ik namens 'Tilburg' in de Raad van Negen, die leiding gaf aan het Nederlandse studentenverzet. Na een 'inwerktijd' op het gebied van het coördineren en plannen van acties, begonnen we in het voorjaar

van 1943 aan een omvangrijk werk: proberen zoveel mogelijk studenten ertoe te krijgen de door de nazi's afgedwongen loyaliteitsverklaring niet te ondertekenen. Misschien was hierbij enigszins sprake van zelfoverschatting van de betekenis van de studentenwereld voor de geschiedenis, maar voor de nazi's was het toch wel relevant omdat de studentenbeweging in Duitsland altijd veel meer politiek geëngageerd was geweest dan bij ons.

Die verklaring van trouw aan de nazi's was een vrijbrief om door te studeren en weigeraars werden gedwongen tot tewerkstelling in Duitsland. Het 'wie is te vertrouwen' heerste in één klap nu ook in de studentenwereld en het werd een kwestie van afwisselend langdurig of omzichtig slalommend vragen en strijdbaar overreden. Aan het eind van onze actie waren we niet ontevreden: Tilburg had, samen met de Vrije Universiteit Amsterdam, ook percentueel het geringste aantal ondertekenaars, met als resultaat dat 'Tilburg' werd gesloten. Via omwegen en het opstellen van teksten probeerden we vanaf dat moment de moed er bij de niet-tekenaars en anderen in te houden, een actie die, zoals alles wat we ondernamen, uiteraard illegaal was. Als 'vogelvrije' heb ik dus ontelbare adressen gehad in Tilburg en elders. Albert Andree Wiltens, de voorzitter van de Raad van Negen, had bijvoorbeeld in Utrecht een heel praktische woning om in samen te komen en van waaruit het heel goed vluchten was via de daken naar een betrouwbaar pand in de buurt.

Toen in 1944 de kille grond toch te heet onder mijn voeten werd, droeg ik mijn lidmaatschap van de Raad van Negen over aan Piet Haanebrink[17] en 'verdween'. Over de onderduikperiode, net als over de daaropvolgende tijd bij de Stoottroepen Limburg, meer in het hoofdstuk 'Muziek en Politiek'.

Drie maanden na de bevrijding kreeg de soldaat Norbert Schmelzer eervol ontslag uit het Regiment Stoottroepen en in de herfst kwam het academisch leven weer op gang, zij het niet zonder 'zuiveringscommissie'. Iedere student die wél de loyaliteitsverklaring had getekend moest worden 'doorgelicht' voordat de Senaat van de Hogeschool besloot of iemand gewoon kon doorstuderen of tijdelijk moest worden geschorst. Als één van de 'zuiveraars' voelde ik me niet al te prettig in de sfeer waarin 'goed en fout' net zo zwart-wit werd neergezet als tijdens de bezetting, maar gedreven was ik wél! Bijvoorbeeld tijdens het verhoor van een student die, tenminste dat dacht ik, het woord 'Arbeidsdienst' (een nazi-organisatie) uitsprak.
Ik sprong op en riep: "Wát?! U hebt zich aangemeld bij de Arbeidsdienst??!!", waarop de geschrokken student uitvoerig begon uit te leggen dat hij had gewerkt bij het Arbeidsbureau Breda en juist had geprobeerd arbeidskrachten uit Duitsland weg te houden. Mijn rode potlood om 'schorsing' mee te noteren, kon blijven liggen en zo passeerde de latere minister van Sociale Zaken, Gerard

Veldkamp,[18] de zuiveringscommissie en kon hij worden toegelaten tot de Hogeschool van Tilburg.

Voor mij ging het weer moeten passen in collegebanken niet zonder zuchten. Na de ervaringen in en direct na de oorlog benauwde het 'schoolse' gareel behoorlijk en des te groter was mijn gretigheid om deel te nemen aan samenkomsten en congressen met een internationaal karakter.

Een boeiende en heel waardevolle ervaring werd mij in dit verband aangereikt via een gezelschap met de op het eerste gezicht zo niet pretentieuze, dan toch ambitieuze en van veel hoofdletters voorziene naam: 'Katholiek Genootschap van Geestelijke Vernieuwing'. De voorzitter was de latere commissaris van de koningin in Overijssel, De van der Schueren, en als drijvende krachten van de groep kwamen naar voren dr. Henne Hahn, die op de vlucht voor de nazis met zijn joodse vrouw Renate uit Tsjecho-Slowakije in Bilthoven was terechtgekomen, en professor Van der Ven (Sociaal Recht). Op voordracht van professor Cobbenhagen kwam ik in contact met deze gedreven mensen en begreep al gauw wat ze met de weidse titel bedoelden: het aanduiden dat de blokkades, op weg naar internationale solidariteit die de wereld na deze gruwelijke ervaring zo nodig had, in een nieuwe geest van gemeenschappelijke verantwoordelijkheid moesten worden afgebroken. Ook, of zelfs juist, door opbouw van relaties met de ex-vijanden.

Zo vlak na de oorlog een gedurfd doel en het was niet zonder spanning dat ik in 1946 meereisde naar een eerste informeel Nederlands-Duits beraad in het berooide Bonn. Daar vond een emotioneel beladen ontmoeting plaats tussen ons, komend uit een door Duitsers bezet en geknecht land, (met – behalve de wens om aan een nieuw Europa te werken – in ons kielzog twee vrachtwagens aardappelen en groente)[19] en een meer dan armoedig geklede delegatie verslagen vijanden, een kleine groep constructieve christen-democraten waarin de filosoof professor Joseph Pieper een blijvend diepe indruk op me maakte. Hij had in nauw contact gestaan met de 'Geschwister' Scholl van de verzetsgroep 'Die Weisse Rose'.

Stammend uit een Europese familie en ervan overtuigd dat samen bouwen aan een toekomst een basisnoodzaak was, zette ik in 1946 mijn eerste stappen op de weg naar één groot, vreedzaam Europa. Aan beide kanten van de tafel waren we gekleed in vermaakte of tot op de draad versleten pakken en een Europa waarin het voor iedereen goed leven zou zijn leek ver weg. Soms lijkt het dat nóg, maar het is een weg die ik nooit heb willen verlaten. ❖

3
Roerganger,
teamwerker, talentenjager:
De fractievoorzitter

Maar eerst: de weg erheen

De keuze om politicus te worden komt voort uit het
willen bijdragen aan de ontwikkeling van een
samenleving. Ik meldde al in het vorige hoofdstuk dat
wat mij betreft de wezenlijke stoot in die richting werd
gegeven door mijn geschiedenisleraar Cools, die zijn vijfde klas gymnasiumleerlingen in 1938 de dringende raad
gaf *Mein Kampf* van Hitler te lezen als voorbereiding op
de moderne geschiedenis. Behalve verbijstering over dit
hoogst gevaarlijke boek van bijna achthonderd bladzijden, liet het mij vanaf dat moment niet meer los hoe de
samenleving beslissend kan worden beïnvloed op basis
van ideologische uitgangspunten. Een gedachte die alleen
maar werd versterkt door mijn eigen ervaringen in de
jaren daarna tijdens de nazibezetting waarin de moord op
inferieur geachte rassen en deportatie van als bedreiging
beschouwde mensen om me heen de norm was. Wanneer
een duivelse ideologie als deze zo tastbaar kon doorwer-
ken in de samenleving, dan moest het toch ook mogelijk

zijn vanuit christelijke en humanistische waarden invloed uit te oefenen, dacht ik toen. Maar hoe moest ik beginnen? Van mijn hoogleraar Kaag kreeg ik het advies eerst eens de nodige ervaring op te doen in een grensoverschrijdende onderneming en daarom trad ik in oktober 1947 aan als managementtrainee bij Unilever. Daar zou ik veel leren in Nederland, België en Groot-Brittannië, maar daar werd me ook duidelijk dat dit niet de werkplek was waar mijn toekomstdromen zouden uitkomen.

In het voorjaar kreeg ik hulp in de goede richting van een verloren dansschoentje dat ik tijdens een feest verdwaald zag langszeilen. Ik raapte het op en tijdens het gesprekje met de draagster van het schoentje kwam naar voren dat mijn belangstelling eigenlijk lag bij de politiek. 'Dát zal pappie leuk vinden, hij hoort zoiets niet vaak van jonge mensen. Je moet eens met hem praten!' Twee dagen later belde 'pappie' mij op en een week later zat ik tegenover hem. Na dat twee uur durende kennismakingsgesprek met prof. dr. Romme kon ik niet meer terug want zijn gedachten over politiek beleid geworteld in dieperliggende uitgangspunten, kwamen precies overeen met de lijn die ik sinds de geschiedenislessen van Cools voor me had gezien! "Jij moet de politiek in" zei hij toen hij me uitliet en op de vraag hoe ik dat dan zou moeten aanpakken, somde hij het rijtje op: lid worden van de KVP, actief aan vergaderingen deelnemen en publiceren over een politiek onderwerp dat je bezighoudt. 'Van jou heeft immers in

de partij nog niemand gehoord en dat moet veranderen.'
Daarna ging het vrij snel: twee jaar later nam ik afscheid
van Unilever omdat ik was uitgenodigd om te komen
werken bij de BEB[1] door minister van Economische
Zaken Jan van den Brink – die ik kende uit mijn studententijd – en directeur-generaal Dick Spierenburg. Deze
had ik vaak ontmoet toen hij vlak bij mijn ouderlijk huis
woonde en ik bewonderde hem erg. Ik kwam binnen op
Economische Zaken als hoofdcommies, een vrij bescheiden rang die niet meer bestaat. Dat het een titel was die
voor buitenstaanders toch wel mooi klonk, bleek toen ik
de geboorte van mijn zoon Michaël aangaf en de ambtenaar bij het noteren van mijn functie opmerkte:
'Hóófdcommies? Ja, ik dácht al dat u een hele hoge rang
had.' Ook mijn daaropvolgende rang van administrateur
bestaat niet meer, maar het soms wekenlang werken aan de
opbouw van een gemeenschappelijk Europa, de EGKS, de
EEG, in Brussel onder leiding van Paul Henri Spaak, was
een droom die uitkwam. Tegelijkertijd kreeg ik de kans om
veel te leren van een grootmeester als Spierenburg, die me
bijvoorbeeld het advies gaf om "altijd ál je stukken mee te
nemen naar een vergadering. Dan denk je misschien dat je
teveel bij je hebt, maar dat is niet zo want verslagen van
vorige vergaderingen en teksten van verdragen zijn er om
je geen fout te laten maken." Een ander punt dat hij me
leerde op het gebied van onderhandelen was om, behalve
natuurlijk helder te weten wat je zelf wil bereiken op korte

of lange termijn, je terdege te verdiepen in wat je gesprekspartner beweegt. Wat zijn de belangen, achtergronden,
omstandigheden van de partij met wie je zaken wil doen?
Intussen bouwde ik als lid van het KVP-Partijbestuur een
goede verstandhouding op met Europa-deskundigen als
Marga Klompé, Pieter Blaisse en Maan Sassen. Dat
Romme toen actief bezig was mij te vormen tot een all-
round politicus die hem te zijner tijd zou kunnen opvol-
gen als fractievoorzitter en politiek leider begreep ik pas
veel later. Dus toen hij me vroeg of ik in de markt was
voor staatssecretaris in een PvdA/KVP/ARP/CHU-
kabinet onder leiding van Drees wist ik niet dat hij daarvoor nogal wat ongebruikelijke wegen had bewandeld.
Omdat de KVP namelijk geen Economische Zaken (dat
bleef bij Zijlstra) of Sociale Zaken (Suurhoff) kon krijgen,
had Romme mr. Struycken[2] naar voren geschoven voor
Binnenlandse Zaken. Romme zag in mij, als staatssecretaris met bezitsvorming en publiekrechtelijke bedrijfsorganisatie in de portefeuille, een uitstekende hulpkracht van
Struycken tijdens vergaderingen van de raad voor
Economische Aangelegenheden van de Ministerraad. Een
tamelijk gekunstelde constructie die toch bleek te werken, niet in de laatste plaats dankzij Struyckens bereidheid hecht samen te werken. Bovendien dankte ik aan
Romme's formatie-onderhandelingen een eigen ambtelijk
apparaat waarmee goed overleg kon worden voorbereid
met de drie vakministers en hun ambtelijke staven. Dat ik

zo lang, van 1956 tot 1963, staatssecretaris ben gebleven, hangt samen met golfbewegingen in politiek Den Haag. Na het einde van het kabinet Drees, bleef ik op mijn post in het interim-kabinet-Beel. Omdat De Quay, mijn oude professor in Tilburg en beoogd premier, aangaf mij graag als staatssecretaris te hebben – waardoor ik hem, zeker in de begintijd, zou kunnen bijstaan op terreinen waarop hij minder goed thuis was – kwam ik op Algemene Zaken. Hieraan voorafgaand had ik overigens iets schilderachtigs beleefd.

Tijdens de voorbereidingen voor een nieuw kabinet overviel Romme (die er niets voor voelde het invloedrijke fractievoorzitterschap in te ruilen voor de stoel van minister-president) mij met een brief waarin hij vroeg of ik, mochten Van den Brink en De Quay weigeren, het minister-presidentschap op me zou willen nemen. Een ademstokkend moment, ik zag er namelijk niets in en was toen bovendien verre van 'allrounder'. Maar kon ik deze man die zo vaak zijn nek uitstak om mij in mijn loopbaan te helpen in de steek laten nu hij iets van mij vroeg? Ik kon hem daarom maar op één manier antwoorden: als er werkelijk geen kandidaten naar voren zouden komen met meer kwalificaties dan ik en als er een stevig team zou kunnen worden geformeerd op Algemene Zaken, dan zou ik eventueel beschikbaar zijn. Het bleek gelukkig niet nodig te zijn; formateur Beel liet Romme weten dat een premierschap van mij 'vandaag de dag nog niet zou worden aanvaard' en De Quay was alsnog bereid premier te worden. Mijn vriend en promotor Romme liet me desondanks weten dat hij blij was dat ik hem niet had laten vallen.

Dat het fractievoorzitterschap al zo dichtbij was, kon ik toen niet vermoeden. Ik was in 1963 als één van de vier lijsttrekkers in de Kamer gekozen namens Limburg. Romme, in 1961 wegens overspanning uitgevallen, was opgevolgd door dr. De Kort. Spannende formatiebewegingen vroegen alle aandacht. De Quay, wiens beleid ondanks de beginnende ontzuiling het aantal zetels toch van 49 op 50 had gebracht, zag namelijk op tegen nog een periode en kwam met de naam Zijlstra[3] maar hield, voor de zekerheid, Marijnen achter de hand. Ik stemde voor Zijlstra, zowel vanwege zijn financieel-economisch gezag als vanwege mijn overtuiging dat het christen-democratisch eenwordingsproces zou zijn gediend met een niet-katholieke premier. Een standpunt waar de overgrote meerderheid van de fractie het niet mee eens was. Een tegenvaller, maar een andere tegenslag raakte me toch meer: na zeven jaar staatssecretariaat leek het me namelijk wel mooi minister te kunnen worden en ik had het met De Quay al eens gehad over Volkshuisvesting en Bouwnijverheid. Waarom? Omdat over dat ministerie tijdens het kabinet-De Quay forse conflicten waren ontstaan[4] en het leek mij dat ik de portefeuille meer creatief kon behandelen dan de degelijke maar weinig innovatieve mr. Van Aartsen. De Quay was het met mij eens en toen ik op een zaterdagochtend van de tennisbaan werd geroepen met de mededeling dat beoogd premier Marijnen mij wilde spreken, ging ik dan ook snel naar zijn huis om de uitnodiging deel te gaan uitmaken van zijn kabinet, in ontvangst te nemen. Maar nee, al meteen na aankomst begreep ik dat de omstandige manier waarop hij me de politieke verhoudingen begon uit te leggen, er op wees dat ik zijn huis zou verlaten zoals ik was gekomen: als kamerlid. Zijn betoog kwam er op neer dat, omdat er behoefte was aan iemand uit de vakbeweging, de keuze was gevallen op de adviseur van het NKV, drs. Pieter Bogaers.[5] Een man die ik als persoon en qua sociaal-economische inzichten wel sympathiek vond, maar van wie ik toch niet zeker was of hij het bestuurlijk zou redden. Maar goed, het ministerschap dobberde die zaterdag dus onverstoorbaar aan mij voorbij en op 16 juli 1963 trad het kabinet Marijnen aan terwijl ik me als kamerlid inwerkte in voor mij interessante commissies.

Intussen erodeerde het gezag van fractievoorzitter De Kort zo sterk dat partijvoorzitter Aalberse in november de verzoeken vanuit de achterban om De Kort te vervangen, niet meer kon negeren. Ik vertel niets nieuws als ik stel dat de verhouding van de partij tot de fractie een gevoelige is, in het gebied waarin zich de diverse verantwoordelijkheden en bevoegdheden ontmoeten, is het ijs dun. Dus als er vanuit de partij druk wordt uitgeoefend op beleid en gedrag van (iemand uit) een fractie, roept dat meestal tegenkrachten op bij de fractie in kwestie. In dit geval was het De Kort zelf die zich, omringd door een paar hevig gemotiveerde medestanders uit zijn naaste omgeving, ineens beschouwde als een soldaat in oorlogstijd. Hij verzette zich in heldhaftige termen tegen de partijleiding, maar Aalberse liet zich hierdoor niet om de tuin leiden. Hij zag het heldhaftige optreden ter zelfredding van De Kort als een risico dat partij en fractie alleen maar nog meer zou kunnen schaden. Namens het partijbestuur liet hij daarom per brief weten dat de partij het terugtreden van de fractievoorzitter wenste. Er was geen weg terug en na twee weken riep De Kort een fractievergadering bijeen om mee te delen dat hij aftrad. Toen enkele van zijn aanhangers de vergadering wilden beëindigen voor een periode van beraad over de opvolging, betoogden Aalberse en anderen dat niemand in het land het zou begrijpen als er nu niet ogenblikkelijk actie werd ondernomen en gestemd.

Dus gingen de stembriefjes rond en op ruim tweederde bleek mijn naam te staan. Zoveel vertrouwen in deze politiekturbulente tijd in iemand die nauwelijks een half jaar in de kamerbankjes had gezeten? Maar het groot aantal stemmen zei dat het kon en dus kreeg de KVP op 3 december 1963 als fractievoorzitter de nieuwkomer Schmelzer die van verrassing en ontroering er nauwelijks een behoorlijk dankwoordje uit kon persen.

Ik viel met mijn neus in de boter. Al tijdens mijn staats-secretariaat in het kabinet-De Quay had ik een conflictsi-tuatie meegemaakt die twee jaar eerder was ontstaan tus-sen fractieleiding en partijtop rond de betekenis, moge-lijkheden en grenzen van de fractievoorzitter. De toen-malige minister van Sociale Zaken, Charles van Rooy, bleek, na een overigens gewaardeerd burgemeesterschap in Eindhoven, niet op zijn plaats te zijn in de veel meer controversiële sfeer van het nationale politieke krachten-spel. Dit vormde zo'n grote bron van onrust voor partij-leider Harry van Doorn dat hij in een fractievergadering voor het vertrek van Van Rooy pleitte. (Van Doorn was behalve partijleider ook fractielid, een combinatiefunctie die als doel had het bereiken van een zo goed mogelijke coördinatie.)

Als enig antwoord op deze suggestie was fractievoorzit-ter Romme toen opgestaan, had zijn tas gepakt en de ver-gadering verlaten met de woorden: 'Als u denkt dat ik mij als loopjongen van de partij laat gebruiken, hebt u het mis!'

Maar toen Van Rooy een paar maanden later bij de behandeling van de Kinderbijslagwet opnieuw in moei-lijkheden kwam, nam Romme zelf het voortouw en nodigde Gerard Veldkamp (staatssecretaris Economische Zaken) uit de plaats van Van Rooy in te nemen. Wat niet niet weg nam dat de latente spanning tussen verantwoor-delijkheden van fractie en partij nog volop aanwezig was toen ik de plaats innam van De Kort, die als fractievoorzitter het vertrouwen niet had weten te behouden.

Ofschoon ik niet direct voorstander was van het formeel uitvechten van competentieproblemen, ontwikkelde ik in samenwerking met partijvoorzitter Piet Aalberse een formule die naar onze mening duidelijkheid in de onderlinge verhoudingen alleen maar kon bevorderen. Het kwam er op neer dat het de fractievoorzitter is die leiding geeft in het parlementair politieke veld, dus de facto politiek leider is. Een gegeven dat voor mij toen ruim voldoende was en dat ik ook vandaag nog aanbevelenswaardig vind.

Het werkte. De zoektocht naar gemeenschappelijke belangen met steun van feiten en argumenten tijdens bijeenkomsten waarbij zowel fractie als partij waren betrokken, was een weg die niet alleen mij het meest bleek aan te spreken. Want noch met Piet Aalberse, noch met Van der Stee die hem in 1968 als partijvoorzitter opvolgde, is het gekomen tot wezenlijke conflicten op dat terrein.

De sobere jaren vijftig – waarin na de Tweede Wereldoorlog in harmonieuze sociale samenwerking en bijna vooroorlogse gezagsverhoudingen werd gewerkt aan herstel en opbouw – waren voorbij en in het jaar waarin ik fractievoorzitter was, kondigden 'de jaren zestig' zich aan in een onstuitbaar aanzwellende golf van groeiend verzet. Maatschappij, cultuur, politiek, alles moest op de schop.

Vooral de katholieke 'zuil' met alle daarbij horende dogmatiek raakte in een identiteitscrisis want de vanzelfsprekendheid was achterhaald. Een katholiek hóefde geen lid meer te worden van een katholieke vereniging of partij en deed dat dan ook niet meer. Een uit democratisch oogpunt gezien positieve ontwikkeling al was het electoraal gezien voor een partij als de KVP natuurlijk een geweldige omwenteling; een oproep om ons op een nieuwe manier in onze kernwaarden te verdiepen en via interne en externe dialogen alles te vitaliseren. En al leek dat naar 'buiten' toe niet zo revolutionair snel te gaan, het was wel degelijk een behoorlijke vloedgolf. Immers, de evangelische uitgangspunten moesten worden geïntegreerd in nieuwe opvattingen over het democratisch gehalte van bestuurlijke besluitvorming. Aan mijn fractie de taak die krachten te bundelen en ertoe bij te dragen dat ze in ons politiek program werden verwerkt.

Het leven in een nieuwe tijd zonder mee te deinen met de waan van de dag was een uitdaging die natuurlijk niet zonder slag of stoot in praktijk kon worden gebracht. Daarbij denk ik bijvoorbeeld aan de herziening van de wetgeving met betrekking tot echtscheiding. 'Duurzame ontwrichting' was een doorslaggevende grond waarmee wij konden instemmen, in tegenstelling tot de mening van bepaalde kerkelijke zijde dat hiermee de fundamentele waarde van het huwelijk werd ondermijnd. Wij voerden hiertegen aan dat het krampachtig willen vasthouden aan een situatie die helaas een illusie was gebleken, ons inziens een aantasting was van de waardigheid en de positieve functie van een huwelijk.

Een ander onderwerp waardoor we in een spanningsveld kwamen met kerkelijke autoriteiten was de bevolkingspolitiek. Dwang in welke richting dan ook afwijzend, legden wij wat betreft gezinsomvang de persoonlijke verantwoordelijkheid bij de betrokken staatsburgers. Een zienswijze waardoor ik, behalve vanuit kerkelijke hoek, ook nogal eens op ongezouten kritiek stuitte tijdens spreekbeurten in zuidelijke provincies. Dit waren juist de delen van het land waar ik eerder instemming had verwacht gezien de in die regio's vaak onder roomse dwang gestichte grote gezinnen! Wat sociaal-economisch gebied betreft, hielden wij – uiteraard binnen door een democratisch gecontroleerde overheid gestelde grenzen – vast aan het vrije ondernemingsgewijze productiestelsel met privaateigendom van productiemiddelen, vrijheid van investering, arbeid, productie en consumptie. Het streven naar duurzaam productief eigendom in bredere lagen van de bevolking betekende ook het ontwikkelen van een vitaal zelfstandig midden- en kleinbedrijf. Op het terrein van onderwijs vonden wij het niet verstandig toe te geven aan de 'alles-moet-anders'-spandoeken en bleven voorstander van ruimte voor het naast elkaar voortbestaan van levensbeschouwelijk en openbaar onderwijs.

Het verder uitwerken van onze idealen richting Europese

integratie kwam veel minder drempels tegen, net als onze samenwerking met andere partijen in het streven om te komen tot een sterkere rol van particulier initiatief, van niet-gouvernementele organisaties op het gebied van Ontwikkelingssamenwerking. Het is een open deur intrappen als ik zeg dat de jaren zestig hier en daar zeker de bezem haalden door de starheid van sommige systemen. Hoewel ... zo omvangrijk als de protestmanifestaties waren tegen wat 'oud en afgedaan' had of tegen de Amerikaanse Vietnampolitiek, zo waren er ook, zeker voor die tijd 'elitair' te noemen kleine manifestaties. Zoals bijvoorbeeld van een groep die zich als 'politiek correct' presenterend en genietend van zon, ambassadezwembaden en grote sigaren, Fidel Castro en zijn regime dat de laars op Cuba's nek zette, bleef idealiseren. De omwentelingen in de jaren zestig vroegen vanzelfsprekend om een meer open en meer directe manier van presentatie naar de kiezer toe. Om KVP-politici in te wijden in geheimen als 'optreden voor een televisiecamera', had het dagelijks bestuur al in 1959 een deskundige 'van buiten' ingeschakeld, Ben Korsten. Deze was onder meer adviseur van bouwondernemer Zwolsman en had een paar maal minister Veldkamp adviezen gegeven.

Korsten was een inventief vakman met een uitgebreid netwerk in vooral de wereld van de journalistiek en nadat hij in 1965 formeel was aangesteld als adviseur van het dagelijks bestuur, konden wij met vragen op pr-gebied bij hem aankloppen. Hoewel de communicatie met Korsten dat eerste jaar zeker goed was – hij werd onder meer door minister Piet de Jong (Defensie) ingeschakeld voor met name de reorganisatie van diens voorlichtingssector – stelde onze fractie in 1966 toch een eigen voorlichtings-functionaris aan: Piet van der Sanden. In de loop van de tijd werd namelijk duidelijk dat Korsten in toenemende mate aan verlies van zelfcontrole leed omdat hij verslaafd was aan morfine, wat er wezenlijk toe bijdroeg dat zijn besef van grenzen steeds vager werd. Gestructureerde samenwerking bleek steeds minder mogelijk en kon niet anders dan worden beëindigd toen hij in 1969 tijdens twee interviews een totaal extatische schildering gaf van zijn contacten met ministers en zijn invloed op iedereen in het kabinet, en daarmee op het kabinetsbeleid. Niet zo lang daarna overleed hij. Tragisch einde van een getalen-teerd pr-man die door zijn verslaving het contact met de werkelijkheid had verloren. Vermoedelijk paste het in de tijdgeest (KVP-politici werden , zeker sinds 'mijn' Nacht, in de media meestal afgeschilderd als conservatieve en/of achterbakse elementen), dat het met name mij als fractie-voorzitter publiekelijk werd kwalijk genomen voor zijn uitvaart niet te zijn teruggekomen van een vakantie in Spanje. Het moge braaf klinken, maar als ik in Nederland was geweest, had ik dat – ook al was ik op de hoogte van de innige vriendschap die Korsten en mijn toenmalige vrouw had verbonden – wel gedaan. Maar om er nu de

toch al schaarse momenten van ontspanning in het buitenland met mijn gezin voor te onderbreken ...

De fractie waarvan ik als nieuwkomer voorzitter werd,
had jarenlang geopereerd onder leiding van grootmeester
Romme, die de gang van zaken – behalve op zijn ideeën –
kon laten drijven op een onbetwist gezag waarover ik
uiteraard niet kon beschikken. De waaier van fractiecommissies[6] overziende kwam ik al gauw tot de conclusie dat,
urgente uitzonderingen daargelaten, in de plenaire fractie
geen onderwerp moest worden behandeld dat niet eerst
in de desbetreffende fractiecommissie was doorgesproken. Ik denk dat die aanpak heeft bijgedragen tot groei
van creativiteit en vitaliteit in fractie en fractiebestuur,
immers: werkend in teamverband kunnen talenten worden ontplooid. Onze manier van werken bespaarde ook
tijd: fractievergaderingen liep ik vooraf door met het fractiebestuur en met name op het gebied van toekomstig
beleid bereidde het fractiebestuur onderwerpen die ik
aankaartte voor om te worden behandeld in de fractievergadering.

Mijn tot op de dag van vandaag onmisbare kompaan en
sociale wegwijzer Cor Kleisterlee vervulde als fractiese-
cretaris hierbij een spilfunctie. Een kleurrijke man die
vanuit de Katholieke Arbeidersjeugd een gymnasiumop-
leiding volgde aan het klein seminarie Hageveld, maar
besloot het celibataire leven horend bij priesterschap, niet
in te stappen. Eén van de vele gemiste kansen van de RK-

kerk, want de manier waarop hij zich is blijven inzetten voor met name alles wat kwetsbaar is, toont dat Cor een schitterend, sociaal bewogen priester zou zijn geworden.[7] Binnen de fractie en de Commissie Buitenland zette hij zich sterk in voor het Europese integratieproces en de versterking van Ontwikkelingssamenwerking en trok ogenblikkelijk bij mij aan de bel als hij onrecht in welke vorm dan ook vermoedde.

Naast het mobiliseren van fractiecommissies en fractiebestuur, probeerde ik langs een andere weg er uit te halen wat er in zat op het gebied van individuele talenten binnen de fractie. Niet eens zo eenvoudig vond ik dat. In een onderneming of in universiteitsverband krijgt iemand door vaak jarenlange samenwerking een veel duidelijker beeld van al dan niet aanwezig talent, terwijl in de politiek soms door zaken als tegenvallende verkiezingsuitslagen of politieke crises, de talentenontwikkeling van bijvoorbeeld een kamerlid of een bewindspersoon behoorlijk kan stagneren.

Mezelf hier presenteren als parlementair talentenjager zou te ver gaan; ik had het geluk een paar talenten van formaat in de fractie te ontdekken, bijvoorbeeld de man die na de verkiezingen van 1967 in de Kamer kwam als deskundige op het gebied van volkshuisvesting, Frans Andriessen. Aanvankelijk had hij het verre van eenvoudig als zoon van een vader die zich vanuit de arbeidersbeweging had ontwikkeld tot een groot politiek bestuurder en die zowel als partijvoorzitter als in de stoel van vice-fractievoorzitter onder Romme vanwege zijn wijsheid en teamgeest grote waardering had geoogst. Maar Frans bleek niet in de wieg gelegd om door het leven te gaan als 'zoon van'. Zijn mogelijkheden waren veel groter dan zijn specialisme en het lag dan ook voor de hand dat ik hem in een andere discipline, buitenlands beleid, introduceerde en hem bijvoorbeeld in 1968 voordroeg als lid van een parlementaire missie naar Taiwan en als kandidaat voor het fractiebestuur. De manier waarop hij zich zonder beweterij of prekerigheid liet inspireren door onze basisgedachten, zou in 1971 maken dat het – toen Gerard Veringa wegens gezondheidsproblemen aftrad – niet meer dan natuurlijk was dat Andriessen de nieuwe fractievoorzitter werd.

Het vervolg van zijn carrière is bekend. Tijdens het kabinet-Den Uyl, voor Andriessen als KVP-fractieleider een zowel moeizame als uitdagende tijd, hield hij zich actief bezig met de oprichting van de Christen Democratische Europese Volkspartij en toen hij als minister van Financiën in het kabinet-Van Agt/Wiegel zich niet meer kon vinden in het uitgavenniveau, trad hij in 1980 consequent af, hiermee een conflict aandurvend met zowel premier Van Agt als met fractieleider Lubbers. Gelukkig werd aangetoond dat kleinzieligheid niet zo vaak, als wel wordt gezegd, aan de orde is in de politiek: het door hem verlaten kabinet droeg hem voor als lid, van de Europese Commissie in Brussel, waar hij uiteindelijk vice-voorzitter werd. Op dit moment maak ik hem met veel plezier mee als mijn voorzitter van de Commissie Europese Integratie van de Adviesraad Internationale Vraagstukken die Buitenlandse Zaken en Defensie adviseert.

Een ander talent was de man die zich in mijn fractie aanvankelijk bezighield met het midden- en kleinbedrijf. 'Middenstandsdeskundige' heette dat toen. Deze Roelof Nelissen was samen met mij in 1963 in de Kamer gekomen en blonk uit in zowel analytisch vermogen als inzicht in de samenhangen tussen diverse beleidsterreinen. Om hem 'los te weken' uit het puur nationale werk bevorderde ik zijn lidmaatschap van de parlementaire assemblee van de Raad van Europa, waarnaast hij zijn onderbouwde deskundigheid kon perfectioneren in de kamercommissies voor Economische Zaken en Financiën. Nelissen was ook de man die het aankon in volstrekte onafhankelijkheid contact te onderhouden met Cornelis Verolme, toen die gedwongen werd een beroep te doen op de overheid. Ik had mijn adviseurschap bij de scheepsbouwer al neergelegd om belangenverstrengeling te vermijden en Nelissen onderhield over zijn werkzaamheden in deze kwestie op geen enkele manier contact met mij. Toen in 1970 minister van Economische Zaken De Block uit het kabinet-De Jong stapte en de genoemde opvolger Grapperhaus niet door alle fracties werd aanvaard, kwam Roelof Nelissen op onze voordracht in dat kabinet. Ook in het kabinet-Biesheuvel zag ik geen enkel bezwaar in de keuze van Nelissen als Minister van Financiën en vice-premier, in die periode een spannende functie met het oog op de geboden beheersing van de stijgende overheidsuitgaven. Nadat het kabinet-Biesheuvel in 1973 uiteindelijk vanwege een interne crisis over juist dat onderwerp aftrad, zette Nelissen zoals bekend zijn carrière voort op een hoge leidende post in het bankwezen, waarnaast hij in het CDA hand- en spandiensten verleende in raadgevende zin.

De derde man die bij 'het grote publiek' misschien niet zo bekend is maar die zeker thuishoort in dit rijtje 'getalenteerden', is Harry Notenboom. Vanaf het begin van onze Kamertijd in 1963 boeide hij mij door zijn vermogen een uitgesproken talent voor exacte wetenschappen vol bruisend enthousiasme te combineren met diepgaande belangstelling voor maatschappijleer en filosofie. In het Haagse en in zijn woonplaats Venlo hield hij zich bezig met de Katholieke Middenstandsbond, wat voor hem betekende dat veel meer dan naar materiële belangenbehartiging alleen, de aandacht moest gaan naar de eigen geestelijk-sociologische waarde van deze sector. Het niet aflatende elan van Notenboom was een mengeling van allesbehalve onvruchtbare dromen en van concreet fundamenteel denken.

Vooral door die laatste eigenschap werd hij in de herfst van 1965 financieel woordvoerder van de fractie en kwam daarmee in het middelpunt van de tornado die 'de Nacht van …' zou gaan heten. Zijn voorganger, Wim Lucas, was namelijk een bekwame maar onversneden vechtjas die tekeerging tegen alles wat maar leek op eventuele uitgavendrift van bewindslieden. Er was dus niet veel voor nodig om hem te brengen tot vulkanische uitbarstingen toen in begin herfst 1965 bleek dat het nauwelijks een half jaar eerder aangetreden kabinet-Cals inderdaad een uitbundig gestegen uitgavenniveau presenteerde. Lucas kon er alleen met de grootste moeite, tijdens een etentje à deux in Hotel des Indes, van worden weerhouden zijn vertrouwen in het kabinet-Cals luidkeels op te zeggen. Het enige argument waarmee ik hem kon overtuigen om dat niet te doen was het vooruitzicht dat zoiets zou kunnen leiden tot een politieke crisis, de tweede in één jaar. Bovendien stemde hij er in toe dat, omdat hij toch aan zijn laatste termijn als Kamerlid bezig was, Notenboom bij de Algemene Beschouwingen het woord zou voeren als financiële man van de fractie. Notenboom had in die hoedanigheid al een prima start gemaakt in 1964 met betrekking tot de financiële politiek van het kabinet-Marijnen. 'Financiën'; veel meer dan een vak in enge technische zin, was het voor Notenboom iets waarover hij dacht in termen als: wat is er nodig, wat is verantwoord, en wat is het effect op de lange termijn. Dit integreren van vakmanschap en morele uitgangspunten bleek voor mij een baken in het woelige water rond 'de Nacht', toen hij mij samen met Nelissen assisteerde bij de opstelling van de beslissende motie (zie hoofdstuk 1).

In het Europees Parlement heeft hij later een bloeiende loopbaan gehad onder andere als vice-voorzitter zowel van de Financiële Commissie en de Budgetcommissie als van de christen-democratische fractie. Het tekent zijn – mijns inziens onterechte – bescheidenheid, dat hij, toen ik hem polste voor een staatssecretariaat onder minister van Financiën Vondeling in het kabinet-Cals, 'nee' zei met als argument dat hij zich daarvoor te licht vond. En toen ik bij de vorming van het kabinet-Biesheuvel weer met hem sprak over die post, droeg hij vastberaden iemand anders voor, die het vervolgens ook werd: Ferdinand Grapperhaus.

In – hoe kan het anders – degelijk onderbouwde, educatieve boeken heeft Notenboom financieel-politieke geschiedenis vastgelegd met duidelijke titels als: *De val van het kabinet-Cals, de financiële politiek van de KVP 1963-1967* en *Toen de wereld nog maakbaar leek, 1967-1973*.[8]

Het ontdekken en inzetten van talenten die bij tegenslag en kritiek hun idealen met betrekking tot de inrichting van de samenleving niet gauw weg laten blazen, was en blijft voor de publieke zaak – en zeker ook voor mijn politieke richting – van wezenlijke betekenis. Ofschoon het standpunt 'zulke talenten komen vanzelf bovendrijven en laat ieder daarbij maar voor zichzelf zorgen' soms zeker tot resultaten leidt, is mijn ervaring toch dat door het uitsluitend rekenen op heilig vuur op en rond het

Binnenhof de oogst zonder gemotiveerde inbreng 'van buiten' zeker kleiner van omvang zal zijn. Als ex-politiek frontlijner ben ik in de bevoorrechte positie tegenwoordig jongeren te ontmoeten die tegen me aan willen praten over een loopbaan in de politiek. Vooral tijdens zulke gesprekken merk ik dat kennis van en inzicht in de politiek, in doeleinden, middelen en mogelijkheden, beperkt is en dat eigen capaciteiten op de diverse terreinen worden onderschat. Natuurlijk zit een fractievoorzitter, zoals ik al probeerde aan te geven, op de ideale plek om talenten te ontdekken en te helpen ontwikkelen. Wat niet wil zeggen dat een oúd-fractievoorzitter dat, soms op de meest onverwachte momenten, níet kan doen!

In 1975 bijvoorbeeld werd ir. Tiede Herrema, Enka-directeur in Ierland, door de IRA gekidnapt. Omdat de AKZO-top, waar ik adviseur was van de Raad van Bestuur en waarvan Enka een onderdeel was, regelde dat er bij roulatie steeds iemand van zowel de AKZO-top als van Enka in Dublin moest zijn in verband met gewenste contacten met de Nederlandse Ambassade, het Ierse ministerie van Justitie en eventueel met de ontvoerders, zat ik een week namens AKZO in Dublin. Zo maakte ik er kennis met een functionaris van Enka, Hans van den Broek. De intensiteit van de situatie bracht met zich mee dat hij en ik tijdens de uren van afwachten diepgaande gesprekken konden voeren, die er toe leidden dat ik hem met volle overtuiging kon aanraden bij de verkiezingen van het volgend jaar de stap van de gemeenteraad Velp naar de Tweede Kamer te maken. Toen bleek dat zijn voorzitter in Gelderland, mevrouw Ans van der Werf, eveneens van mening was dat zijn toekomst lag in een politieke loopbaan, en partijvoorzitter Wim Vergeer positief reageerde, besloot Hans zich kandidaat te stellen voor de Kamer, waarna hij met verve ging functioneren als Kamerlid, staatssecretaris en minister van Buitenlandse Zaken. Vooral in die laatste hoedanigheid werd er tamelijk veel van hem gevraagd op het gebied van incasseren en slalommen. Want, hoewel de media zich meestal beperken tot het omschrijven van een BZ-minister als óf 'Atlanticus' óf 'Europeaan', was Van den Broek én steunpilaar van het Atlantisch bondgenoot-schap én voorstander van de Europese integratie. Naarmate premier Lubbers zich echter buiten de lands-grenzen meer ging profileren als collega van Europese staatshoofden en regeringsleiders, werden er steeds vaker vraagtekens gezet bij de ruimte die overbleef voor Van den Broek. Dat deze situatie zorgde voor een niet gerin-ge spanning was niet te vermijden, maar gelukkig wel hanteerbaar en toen Frans Andriessen zijn werk bij de Europese Commissie na twaalf jaar afrondde, droeg Lubbers Van den Broek voor als Andriessens opvolger. Het bleek een juiste stap: Van den Broek[9] was een voor-treffelijk commissaris en BZ kreeg een integere, commu-nicatieve minister, Peter Kooymans[10].

Tijdens mijn goede contacten met Van den Broek met name in de periode 1980-1990 toen ik voorzitter was van de Commissie Buitenland van het CDA, leerde ik zijn particulier secretaris kennen. Jaap de Hoop Scheffer was na functies in de diplomatieke dienst (onder meer in Ghana en bij de PV-NAVO in Brussel) voor Van den Broek een waardevolle steun bij het in overleg met betrokken beleidsdirecties, samenstellen van dossiers voor vergaderingen, reizen en ontmoetingen. Voor zover ik daarbij werd betrokken, kreeg ik al gauw de indruk dat er méér muziek zat in De Hoop Scheffer. Hij had net als ik creatief werk verricht in een studentencabaret en bleek er niet tegen op te zien zijn veilige functie op het departement in te ruilen voor het zoveel meer onzekere bestaan van politicus. En net als ten tijde van de overstap van Hans van den Broek, was er ook nu een partijvoorzitter, Piet Bukman, die openstond voor die gedachte. Zo kwam Jaap in mei 1986 'binnen' op plaats 54, precies de laatste van het aantal zetels dat het CDA won! Geleidelijk aan zag ik hoe hij zich ontwikkelde van (buitenland)specialist tot een generalist die de diverse beleidsterreinen toetste aan de christen-democratische uitgangspunten, iets waarover in sommige media nogal lacherig werd gedaan omdat hij in vroegere jaren lid was geweest van D66. Een journalistieke houding die ik tamelijk zwak vond: het moet toch mogelijk zijn dat een mens in verschillende fasen van het leven tot opvattingen komt die verschillen van wat jaren eerder werd gevonden of gevoeld en ik vind het volstrekt honorabel als iemand na een eerste verkenning in partijpolitiek uit overtuiging overstapt naar een andere politieke beweging die hem of haar fundamenteel blijkt aan te spreken.

Na de voor het CDA rampzalige verkiezingen van 1994 werd Brinkman opgevolgd door Enneüs Heerma , die De Hoop Scheffer in december 1995 als vice-fractievoorzitter naast zich kreeg. De economie bloeide, het eerste 'paarse' kabinet kon de bomen tot in de hemel laten groeien en het CDA stond er electoraal slecht voor, bewoog zich op z'n zachtst gezegd onwennig door parlementaire discussies en wandelgangen. Oppositie voeren was een onbekend fenomeen na decennialange deelname aan het landsbestuur en hoe integer Heerma ook was, als boegbeeld van het CDA bleek hij – met name in de steeds belangrijker wordende televisie-optredens – niet de juiste man op de juiste plaats. Maar wie dan wel? Zoekend naar een vervanger met een bewezen staat van dienst en meer brede uitstraling 'naar buiten' dan hijzelf, ging Heerma met partijvoorzitter Helgers op bezoek bij Hans van den Broek in Brussel om hem te vragen het lijsttrekkerschap voor de verkiezingen van 1998 over te nemen, maar – net als de in die tijd ook gepolste Ruding – was Van den Broek niet beschikbaar. Een jaar voor de verkiezingen moest Heerma uiteindelijk inzien dat hij er in drie jaar oppositievoeren niet in was geslaagd de meningen over zijn gebrek aan uitstraling binnen en buiten zijn achterban in positieve richting te draaien. Hij trad af en vanaf 25 maart 1997 heette de nieuwe fractievoorzitter Jaap de Hoop Scheffer.

Intussen had de partijorganisatie niet stilgezeten sinds de kapitale nederlaag van 1994. In dat jaar deed een rapport van de commissie-Gardeniers een serieuze poging om de oorzaken van het verkiezingsverlies te analyseren en een koers te schetsen die zou kunnen leiden tot herstel. Eén van de indicaties was dat het CDA zich was gaan gedragen als een 'zelfgenoegzame bestuurderspartij die vooral vanuit een gevoel van eenheid en loyaliteit opereert ...'; een duidelijk omschreven probleem dat wees op de noodzaak om leden meer direct te betrekken bij de besluitvorming aan de top en een aansporing nog meer aandacht te besteden aan de regio's. Bovendien was het nu zaak de fractievoorzitter meer dan totnogtoe als 'het gezicht' van de partij te presenteren. Aan De Hoop Scheffer de niet eenvoudige taak zich binnen nauwelijks een jaar naar buiten te profileren als oppositie, terwijl hij zich nog aan het inwerken was en tegelijkertijd werd geacht rekening te houden met standpunten uit het verleden en – mogelijk – nieuwe verantwoordelijkheden.[11]

Zijn collega Rosenmöller had het in dit opzicht heel wat makkelijker, nog afgezien van diens veel meer vanzelfsprekende manier van presentatie op de televisie.

De eerste verkiezingen met De Hoop Scheffer als lijsttrekker leverden een verlies op van zeven zetels, wat een behoorlijke tegenvaller was, ook al kwam de duidelijke winst van de 'paarse' partijen niet onverwacht na de voorspoed waarin het eerste paarse kabinet had kunnen opereren. In dat verkiezingsjaar 1998 besloot het CDA-Partijbestuur de aflopende termijn van voorzitter Helgers niet te verlengen en werd er gezocht naar een opvolger die het door hem ingezette vitaliseringsproces op grotere schaal kon voortzetten, zij het niet in een fulltime functie. Al gauw bleek het te draaien om twee sollicitanten: Marnix van Rij, behalve fiscaal jurist bij Ernst & Young oud-wethouder en fractievoorzitter in Wassenaar, en Pieter van Geel, succesvol gedeputeerde in Brabant. Aan hem gaf het dagelijks bestuur de voorkeur, maar toen bleek dat hij uitsluitend partijvoorzitter wilde worden op fulltime basis, kwamen zijn kaarten anders te liggen. Want hoewel De Hoop Scheffer geen persoonlijke bezwaren had tegen Van Geel, kon een fulltimer wel degelijk een bedreiging worden voor het leiderschap dat hij zelf aan het opbouwen was. In het kader van de vertrouwensband die zich sinds 1986 tussen hem en mij had ontwikkeld, pleegde hij in die dagen nauw overleg met mij.

Eerlijk gezegd vond ik het merkwaardig dat het dagelijks bestuur de door iedereen onderschreven sollicitatieomschrijving van een deeltijdvoorzitter vanwege a) directe voeling met de samenleving en b) financiële onafhankelijkheid van de politiek, zo pijlsnel had laten vallen bij het horen van de eis van Van Geel. Ik gaf De Hoop Scheffer in overweging te laten blijken hoe zwaar deze kwestie voor hem woog. Zijn mededeling dat hij zich – als het dagelijks bestuur alsnog richting een fulltimer wilde denken – genoodzaakt zou voelen dit aan zijn fractie voor te leggen kon niet duidelijker zijn. Onenigheid binnen het CDA en publiciteit daarover kon de partij, zeker in die allesbehalve rooskleurige tijd, niet gebruiken! Een dag later kreeg Ad Havermans[12], hoofd van de sollicitatie-commissie (die Van Rij dan wel niet unaniem maar dan toch in meerderheid steunde), te horen dat het dagelijks bestuur Van Rij voordroeg.

Met de hem bekende energie en strijdbaarheid was Van Rij al voor zijn verkiezing op 27 februari 1999 begonnen met het werk waarvoor hij zou worden ingehuurd. Werk dat hij in de vingers bleek te hebben. Voortbordurend op een paar ideeën waarmee Helgers aan de slag was gegaan, is Van Rij er in geslaagd in de relatief korte periode van zijn partijvoorzitterschap veel tot stand te brengen. In vogelvlucht een paar voorbeelden. In de eerste plaats waren er de 'dertigers', in het hele land opgezette groepen van mensen tussen de 30 en 40 jaar die, zonder formele functies te ambiëren, wel wilden meedenken en adviseren over het CDA-beleid. Dan het – ondanks tegenwind hier en daar binnen het CDA – oprichten van het Centrum voor Politiek, Religie en Zingeving, met als doel via interreligieuze dialoog tussen grote godsdiensten en andere geestelijke bewegingen te ontdekken waar bindende elementen zaten, wat ook de integratie van allochtonen zou kunnen vergemakkelijken.

'In huis' zorgde Van Rij voor reorganisatie en verjonging van het partijbureau en tot slot kwamen er, aangedreven door Van Rij en via samenspel tussen Wetenschappelijk Instituut en fractie beleidsaanbevelingen tot stand op het gebied van gezondheidszorg (bijvoorbeeld met veel meer accent op eigen verantwoordelijkheden van ziekenhuizen, artsen en patiënten) en verder onder meer op het terrein van ruimtelijke ordening, een gemengd kiesstelsel en uitbreiding van de Europese Unie.

Een ambitieus maar noodzakelijk programma en het wekelijks contact tussen de twee 'nieuwkomers' De Hoop Scheffer en Van Rij was dan ook geen overbodige luxe, zeker niet nu tegenover het 'paarse' kabinet een geloofwaardige oppositierol een vereiste was.

Terwijl in de twee jaren die volgden Van Rij er in slaagde van het CDA in het land een steeds meer homogene en meer gemotiveerde, 'ontgrijsde' club te maken, toonden opiniepeilingen aan dat het vertrouwen in het CDA zoals het zich, met name door De Hoop Scheffer, presenteerde in de media, bleef afnemen. In 2001 was de partij al gezakt van 29 naar 26 zetels. Waar lag dat aan? Volgens mij níet aan de inhoudelijke kwaliteit van de betogen die De Hoop Scheffer in de Kamer en daarbuiten hield. Maar, bij een niet te onderschatten deel van de kijkers sloeg zijn presentatie steeds minder aan en een flink deel van de parlementaire journalisten (van huis uit toch al geen CDA-minnend volksdeel) sloot zich daarbij van harte aan. Een pijnlijke ontwikkeling waarin het niet verbazingwekkend was dat de zorg binnen de partij nu begon toe te nemen en de roep om een andere lijsttrekker voor de verkiezingen 2002 steeds luider werd. Aan Meindert Stolk, de actieve jonge directeur van het partijbureau, de ondankbare taak in deze sfeer de organisatie van de verkiezingscampagne te organiseren.

In dat kader vroeg hij mij aan het begin van de zomer van 2001 of ik eens zou willen nadenken over wegen die eventueel effect zouden kunnen hebben. Natuurlijk had ik als betrokken partijlid daar al een paar ideeën over op een rijtje gezet. Maar voordat ik daarover met de partijorganisatie wilde praten, leek het me verstandig eerst overleg te hebben met Hans van den Broek, met wie ik tenslotte – zij het vanaf een andere plaats – had meegewerkt aan de politieke entree van De Hoop Scheffer. Lange gesprekken hebben Van den Broek en ik hierover niet gevoerd want we zaten volledig op dezelfde lijn. Namelijk: De Hoop Scheffer op deze korte termijn te laten vervangen door een nieuwe lijsttrekker kon onmogelijk, het zou schade opleveren voor zowel De Hoop Scheffer als voor de partij. De situatie bleef echter zo dat het CDA – terwijl het er nationaal in de peilingen steeds belabberder voor stond – regionaal en lokaal behoorlijke resultaten boekte.[12] Hoe kon dat worden vertaald naar de nationale verkiezingen? Desgevraagd deed ik campagneleider Stolk een idee aan de hand waarin ik – en met mij Van den Broek – wel wat zag. Nu er in verschillende actieve, gemotiveerde CDA-afdelingen, zelfs geen animo meer leek te zijn om De Hoop Scheffer überhaupt als lijsttrekker te accepteren, zou hij eventueel meer regionaal draagvlak kunnen krijgen door uit te komen op vijf, misschien zes regionale lijsten. Op elke daarvan zou hij nummer 1 zijn maar gesteund door een in de betrokken regio sterke herkenbare nummer 2.

Uit de vrij lange periode van stilte die volgde op mijn suggestie, maakte ik op dat die niet zou worden opgepakt. Inderdaad hoorde ik later dat De Hoop Scheffer het plan had verworpen, omdat hij het zag als een bedreiging van zijn positie als politiek leider. Aangekomen op dit punt kun je je afvragen hoe het mogelijk is dat een kennelijke kloof tussen wat er leeft in het land en de top van een fractie kan ontstaan.

Geluiden die mij steeds vaker bereikten van binnen de fractie en daarbuiten, namelijk dat De Hoop Scheffer door zijn naaste omgeving werd afgeschermd, konden, gezien de ontstane stroefheden in communicatie, wel eens op werkelijkheid berusten, maar zeker weten doe ik dat niet. Wel had ik zelf al ruim een halfjaar plotseling niets meer van hem gehoord terwijl er daarvoor zeer regelmatig contact was geweest. Juist nu het steeds slechter ging en de komende verkiezingen bijna niet anders konden uitlopen dan in een regelrecht debacle, had ik daar natuurlijk zo mijn zorgen over. Toch voelde ik er niets voor om met ongevraagde adviezen aan te komen omdat ik het erg irritant vond en vind als senioren, hoe verdienstelijk die ook geweest mogen zijn in de frontlinie en hoe goed ze het misschien ook bedoelen, ongevraagd hun mening geven en al even hinderlijk is het naar mijn mening als oudgedienden in de media op de proppen komen met hun ideeën over hoe het anders zou moeten. Wel heb ik tijdens een live radiogesprekje, waarin ik onder meer werd gevraagd naar mijn oordeel over het – op dat ogenblik algemeen zeer slecht beoordeelde – functioneren van De Hoop Scheffer, na een positief oordeel over zijn integriteit, dossierkennis en inzet voor de christen-democratie, moeten toegeven dat hij uit electoraal oogpunt kwetsbaar was. Helaas kwam mijn toevoeging dat dit in de campagne ten goede zou kunnen worden geregeld (daarbij denkend aan mijn suggestie van de verschillende lijsten) te laat voor uitzending; wat wél werd uitgezonden heeft, naar ik later begreep, De Hoop Scheffer bijzonder gegriefd. Blijkbaar was de overduidelijke kwetsbaarheid van zijn electorale positie voor hem en zijn naaste omgeving nog steeds geen realiteit.

In diezelfde tijd zochten een groot deel van het dagelijks bestuur en Van Rij naar een uitweg om het drama van alweer een verkiezingsnederlaag – en daarmee de grote schade voor het CDA en voor De Hoop Scheffer – te voorkomen.

Het nodige is al gepubliceerd over wat zich heeft afgespeeld in 2001, tussen augustus en oktober, toen Van Rij geen kans zag om tot een akkoord te komen met De Hoop Scheffer over het lijsttrekkerschap en plotseling aftrad, waarna De Hoop Scheffer – inziende dat er voor zijn fractievoorzitterschap onvoldoende steun was in het partijbestuur – zich terugtrok. Hoe ellendig en onontkoombaar spannend die maanden ook waren, in tegenstelling tot wat er buiten en binnen de partij hier en daar werd en soms nog wordt gedacht, het vuile spel waarover werd gesproken is volgens mij niet gespeeld.

Het ontbreken van doelmatige communicatie en het in zo'n situatie krijgen van wellicht goedbedoelde maar ondoelmatige adviezen, kan mensen brengen in een isolement waarin iedere stembuiging door alle partijen verkeerd kan worden opgevat en van waaruit geen andere weg is dan een breuk.

'Ik zat erbij en ik keek er naar'. Hoe ik me in die positie voelde laat zich raden. Maar het leven gaat door; vanuit de chaos horend bij dramatische ontwikkelingen kwam een vitale drang naar boven om snel en met de blik naar de toekomst orde op zaken te stellen. Het fractieleiderschap werd overgenomen door de crisisbestendige, buiten de partij vrij onbekende Jan Peter Balkenende[13] en

Bert de Vries was bereid in afwachting van een definitieve opvolging de schouders eronder te zetten als interimpartijvoorzitter. De verkiezingen van 2002 waren in elk opzicht opmerkelijk. Door de opkomst van Pim Fortuyn en de gruwelijke manier waarop hij werd vermoord, kwam zijn LPF van nul op 26 zetels. De onvrede over het beleid van de paarse coalitie bracht de PvdA van 45 op 23, de VVD van 38 op 23, D66 van 14 op 8 en het CDA ging ondanks de dramatische wisseling van de wacht die nog vers in het geheugen lag, van 29 naar 43 zetels.

Voor een verslag van wat er tussen toen en nu is gebeurd, lijkt me dit boek geen relevante plek. Ik hoop dat ik in het voorafgaande duidelijk heb kunnen maken welke taken, uitdagingen en struikelblokken een fractievoorzitter kan tegenkomen. Inmiddels is Marnix van Rij partner bij Ernst & Young, overigens zonder zijn gehechtheid aan de christen-democratie te hebben verloren, en is Jaap de Hoop Scheffer, na het krijgen van een nieuwe kans in de vorm van het ministerschap op Buitenlandse Zaken, waar hij dankzij zijn vroegere dipolomatieke ervaring niet als nieuweling opereerde, benoemd tot secretaris generaal van de NAVO. Het gesprek tussen hem en mij waarom ik in de herfst van 2001 had gevraagd om 'kou uit de lucht' te halen, heeft juli 2002 plaatsgevonden. Gelukkig maar, onnodige conflicten door kortsluitingen passen niet in mijn wereld, zeker niet als het – zoals in dit geval – gaat om een jarenlange verbondenheid.

Een nieuwe generatie fractievoorzitters zit nu in de Tweede Kamer. Het is een baan die ik één van de meest boeiende vind in het parlementair bestel – de meest complexe ook – want vaak onder lawines van kritiek van vooral media en publiek moet je je – in welke partij dan ook – samen met je kompanen blijven inzetten om je idealen, waarden en overtuigingen zoveel mogelijk tot gelding te brengen in de praktijk.

Met vallen en opstaan doorgaan, want politiek: het blijft mensenwerk. ❖

4
Acht ministers-presidenten

Over de acht ministers-presidenten bij wie ik in een kabinet zat of die ik van zeer dichtbij meemaakte toen ik fractievoorzitter was, is al flink wat gepubliceerd. Toch zijn er misschien nog persoonlijke ervaringen die niet algemeen bekend zijn.

'Mijn' eerste minister-president was dr. Willem Drees voor wie ik, nog voordat ik hem leerde kennen, groot respect had. In de eerste plaats op grond van zijn oorlogsverleden maar ook vanwege zijn werk en het bindend vermogen dat hij had getoond als minister van Sociale Zaken en vanaf 1952 als minister-president. Hoe Romme er in 1956 toe kwam om mij bij Drees voor te dragen als staatssecretaris van vice-premier Struycken, heb ik al beschreven in het hoofdstuk over het fractievoorzitterschap.

Hoewel dit het allereerste kabinet was waarvan ik lid werd, merkte ik vanaf dag één dat ik deel uitmaakte van een team dat onder leiding stond van een heel bijzondere man. De schijnbaar onverstoorbare manier waarop hij consequent voorrang gaf aan toekomstgericht denken in het landsbelang, boven een meer comfortabele, meer populair makende kortetermijntoegeeflijkheid, waren onbetaalbare lessen in politieke moed.

Een staaltje daarvan maakte ik van heel dichtbij mee in de tweede helft van 1957 toen ik zijn advies vroeg over een plan dat ik had bedacht om een bijdrage te leveren tot het beëindigen van een arbeidsconflict in de Limburgse mijn-industrie. Daar sleepte een langzaamaanactie, die flinke schade betekende voor de economie van het Nederland in opbouw.

Als staatssecretaris van Binnenlandse Zaken was ik onder meer belast met de Publiekrechterlijke Bedrijfs Organisatie en één van de functionerende organen daar-in was de Mijnindustrieraad waarin werkgevers en werknemers waren vertegenwoordigd. De loonsverho-ging waarvoor werd gestreden ging lijnrecht in tegen de uniforme nationale loonpolitiek van minister Suurhoff van Sociale Zaken. Volgens mij was het daarom noodza-kelijk dat ik als betrokken staatssecretaris mijn 'plan de campagne' persoonlijk zou komen toelichten in Limburg. Daarvoor had ik al een lijst gesprekspartners opgesteld, met bovenaan de persoon die veel meer gezag had dan welke minister of commissaris van de koningin dan ook: de bisschop van Roermond, monseigneur Hansen. Pas daarna kwamen namen als Ton Rottier, president-directeur van de Staatsmijnen; Frans Dohmen en Hans Palmen, vakbondsleiders, Michel van Thiel, voorzitter van de Mijnindustrieraad en Frank Houben, commissaris van de koningin.

Ik legde mijn plan en lijst namen voor aan Drees. Zijn enige reactie was: "Geen bezwaar, maar wij moeten nooit toegeven aan ongepaste druk of dreiging!" waarna hij met een kostelijk voorbeeld kwam. In de tijd dat hij op Sociale Zaken functioneerde onder Schermerhorn, slaagde de niet erkende communistische Eenheids Vak Centrale er in de hele Rotterdamse haven plat te leggen, maar Drees, niet van plan de bonafide vakbeweging in een onmogelijke positie te brengen, weigerde met deze EVC te onderhandelen. "Toen de gevolgen van die staking steeds meer voelbaar werden", vertelde hij, "kwamen de zenuwachtig wordende havenbaronnen bij mij langs en smeekten om toe te geven aan de EVC want een voortzetting van de staking zou het einde betekenen van de Rotterdamse haven. Toen bleek dat ik hen niet van mijn standpunt kon overtuigen, heb ik gezegd: 'Heren, daar is de deur.' Maar wat mij het meest trof, was dat niet lang daarna Schermerhorn langskwam om er bij mij op aan te dringen mijn verzet tegen de EVC nu maar op te geven omdat de toekomst van de haven en de economie van het land in het geding waren. En al gauw zei ik ook tegen Schermerhorn: 'Daar is de deur.' Een paar dagen later waren de stakingskassen leeg, de actie beëindigd en het werk hervat. En wie kwamen er bij mij langs om me uitbundig te bedanken voor mijn ferme houding? De havenbaronnen! En wie kwam mij vertellen dat hij blij was dat ik gelijk had gekregen? Schermerhorn!"

Voor mij was wat Drees vertelde een meer dan waardevolle anekdote in mijn oriënteringsfase van het zoeken naar mogelijkheden om het conflict in Limburg op te lossen.

Wat was het probleem waarmee ik te maken had? De 'bovengronders' eisten dezelfde loonsverbetering als de 'ondergronders' en motiveerden die eis door het aantonen van de volstrekt van elkaar afhankelijke werkverhouding die tussen de beide groepen bestond. Geen onlogische redenering, ware het niet dat die helaas niet paste in de toenmalige structuur van arbeidsverhoudingen. Het ondergrondse werk in de mijnen was immers enig in zijn soort terwijl de bovengronders uiteraard werk verrichtten dat wél vergelijkbaar was met tal van functies in andere bedrijfstakken. Ik zag dan ook geen andere oplossing dan een compromisachtige verbetering in de vorm van bijvoorbeeld aanwezigheidspremies voor ondergronders, een idee dat door vakbondsleider Dohmen – die harmonie moest bewaren met beide partijen – welwillend maar zonder ja of nee werd ontvangen.

Intussen was ik behoorlijk onder de indruk geraakt van het keiharde gevecht dat in de Limburgse mijnen moest worden geleverd voor het dagelijks brood. En bij het samenstellen van dit boek kwam ik mijn verslag tegen over deze kwestie in de Ministerraad, waarbij ik een nogal 'Drie Musketiers'-achtige houding aannam, want ik eindigde mijn rapportage met de conclusie dat 'het werk onder de grond riskant is en de gezondheid kan bedreigen. Een oplossing in het conflict in de mijnen kan naar mijn overtuiging worden gevonden door het toestaan van een inkomensverbetering voor de ondergrondse werkers, bijvoorbeeld door het toekennen van een aanwezigheidspremie die niet voor de bovengronders geldt. Ik zou een beroep willen doen op de minister van Sociale Zaken daarmee in te stemmen en als deze Raad zou menen dat aan mijn aanbeveling geen gevolg moet worden gegeven, zal ik mij moeten beraden of ik mijn verantwoordelijkheid in het kabinet langer kan dragen'.

De verbazing vanwege zoveel krijgshaftige taal vulde de stilte en Drees schorste met een stoïcijns gezicht de vergadering voor de lunch. De enige die in die pauze het woord tot me richtte was Cees Staf,[1] die me toefronste: "Norbert, zo'n soort optreden van een stáátssecretaris is in de Ministerraad wel héél ongebruikelijk."

Uiteindelijk blijkt Drees, partijpolitiek opzijschuivend in dienst van het landsbelang, Suurhoff ervan te hebben overtuigd dat mijn voorstel zijn loonpolitiek niet doorkruiste en werd het in praktijk gebracht, zeker ook tot opluchting van de commissaris van de koningin Frank Houben, die Suurhoff en mij te logeren vroeg in het 'gouvernement' van waaruit we volop de gelegenheid kregen nader kennis te maken met de Limburgse natuur, cultuur, vakbondsbestuurders en ondernemers.

In de herfst van 1958 werd de spanning tussen de regeringspartners steeds intenser en kreeg Drees bovendien te maken met groeiende kritiek uit zijn eigen partij op het kabinetsbeleid. Secretaris-generaal Cees Fock, aan wie ik had gesuggereerd om Drees ertoe te bewegen persoonlijk in te grijpen voor het te laat was, vertelde me in oktober dat de onrust in de Partij van de Arbeid en de onvrede in het kabinet al te ver waren gevorderd om nog op een goede afloop te rekenen. Immers, als er onrust is binnen één van de regeringspartijen valt daar moeilijk mee samen te werken en dat geldt natuurlijk ook voor potentiële regeringspartners. Het dieptepunt van de crisissfeer werd bereikt op 22 november toen de Partij van de Arbeid een Fakkeldragersdag organiseerde om het kabinet zeven eisen te stellen. Nauwelijks een maand later was het laatste kabinet-Drees gevallen en daarmee kwam op een verdrietige manier het premierschap van de grote Drees tot een voortijdig einde.

Toen, noch later, heeft deze crisis invloed gehad op onze verhouding. Op 18 december 2002 ontving ik van prof. dr. Daalder een kleine briefwisseling uit februari 1971 tussen Drees en de KVP-fractiebestuurssecretaris Cor Kleisterlee, die hem had gevraagd mee te werken aan een bandopname ter gelegenheid van mijn afscheid als fractievoorzitter. Drees antwoordde onder andere: "Toch moet ik tot mijn leedwezen een negatief antwoord geven. Tot mijn leedwezen, want aan de contacten die ik met de heer

Schmelzer heb gehad, in het bijzonder toen hij staatssecretaris was en ik minister-president, heb ik niet anders
dan goede herinneringen. Ik heb grote waardering voor
zijn toewijding aan de publieke zaak, zijn kennis van
zaken, zijn scherpzinnigheid, zijn energie. Als het (meewerken aan de bandopname) bekend wordt, wat ik dus
logisch acht, zou het onder de tegenwoordige politieke
en voor mij persoonlijk ook delicate verhoudingen,
onvermijdelijk tot allerlei beschouwingen aanleiding
geven over de vraag of ik hiermee een demonstratie
bedoeld heb tegen de houding die de PvdA in verband
met de wijze van beëindiging van het kabinet-Cals
inneemt." Een pijnlijk aantonen van het spanningsveld
waarin de trouwe sociaal-democraat was komen te staan
ten opzichte van zijn eigen club.

Tijdens één van mijn bezoeken aan hem in de laatste fase
van zijn leven, waarin ik het een voorrecht vond in zijn
woning aan de Haagse Beeklaan openhartige gesprekken
met hem te kunnen voeren,² werd ik getrakteerd op een heel
ander facet van zijn persoonlijkheid. Pratend over onderlinge verhoudingen tussen partijgenoten, viel de naam van
Van der Goes van Naters, van wie bekend was dat Drees
weinig hartelijke gevoelens voor hem koesterde. Drees
begon zich ongelooflijk op te winden op een felle manier
die ik niet van hem kende. Van der Goes van Naters had
namelijk publiekelijk verklaard dat Drees geen enkel gevoel
voor kunst en al helemaal geen liefde voor poëzie had. "En

dát terwijl ik hele stúkken uit de Nederlandse dichtkunst kan citeren! Gewoon uit mijn hoofd!!" Waarna hij met zijn karakteristieke stem vastbesloten een paar strofen Herman Gorter voor mij declameerde, eindigend met een "ziezo!", vergezeld van een stevige knik met het hoofd.

Nee, een mens zonder strijdbaarheid is Willem Drees nooit geworden.

Louis Beel

Een vrij unieke, volstrekt bovenpartijdige vertrouwensband had Drees met dr. Louis Beel, die hem als enige 'Wim' mocht noemen. Alle kabinetsleden mochten Drees weliswaar tutoyeren (en ik moet bekennen dat ik daar de eerste tijd als vijfendertigjarige beginneling in het kabinet wel moeite mee had), maar steeds met hantering van zijn achternaam. Dus het was 'Schmelzer, jij ...' en 'Drees, jij ...' Maar Drees en Beel waren voor elkaar 'Wim' en 'Louis'.

Verschillend van partijpolitieke opvattingen en uiterlijk, waren het allebei integere mensen die volstrekt dienstbaar waren aan het algemeen belang. Moedige mensen ook; net als Drees had Beel tijdens de bezetting bewezen aan de goede kant te staan.

Drie dagen na het einde van het kabinet-Drees kreeg Beel, toen al minister van Staat en lid van de Raad van State, op 15 december 1958 de informatieopdracht om 'Na ingesteld onderzoek de mogelijkheden te rapporteren om op korte termijn tot een oplossing van de ingetreden kabinetscrisis te geraken.' Een zo neutraal mogelijke formulering die Beel aan de koningin had voorgesteld om niet vooruit te lopen op welke coalitievorming dan ook. Al gauw bleek dat nieuwe verkiezingen onvermijdelijk waren en dat tot 12 maart 1959, de verkiezingsdatum, een interim-kabinet 'moest doen al hetgeen het kabinet in het belang van het koninkrijk achtte.' De negen aangebleven demissionaire ministers en de betrokken fractievoorzitters adviseerden de koningin om Beel tot leider van dat interim-kabinet te benoemen en al op 23 december 1959, elf dagen na de val van het vorige kabinet, sprak hij als minister-president een korte regeringsverklaring uit. Valt er van deze snelle gang van zaken in de toch algemeen als 'gezapig' geportretteerde jaren '50 tegenwoordig misschien nog iets te leren?

Ook in die tijd waren politici dankbare objecten voor karikatuurtekenaars en het markante en vooral in hoge mate haarloze hoofd van Beel was daarop geen uitzondering. Een fysionomische omstandigheid die hem er tot mijn verbazing overigens niet van weerhield om zich zeer regelmatig te begeven naar het Tournooiveld, waar herenkapper Van der Poel een zaak had die zo chic was dat er zelfs een portier klaarstond om naast zijn deurdienst met elegante apparatuur de jasjes en jassen van de klanten ordentelijk af te stoffen.

Over het interim-kabinet-Beel, het demissionaire functioneren daarvan tussen de verkiezingen van 12 maart en het aantreden van het nieuwe kabinet op 19 mei, kan ik kort zijn. De samenwerking in dat kabinet en tussen kabinet en parlement verliep soepel, mede door de sterke bemanning van Financiën (Jelle Zijlstra) en Sociale Zaken en Volksgezondheid (premier Beel), terwijl er wel degelijk substantiële onderwerpen aan de orde waren zoals bijvoorbeeld de afhandeling van de Weduwen- en Wezenwet, de gespannen verhouding met Indonesië inzake de kwestie Nieuw-Guinea en de opslag van Amerikaanse atoomraketten op Nederlandse bodem.

De verkiezingen van 12 maart brachten aan verliezende kant de PvdA van 50 op 48, de ARP van 15 op 14 en de CHU van 13 op 12; de VVD ging van 13 naar 19 en de KVP bleef gelijk op 49 zetels.

Twee dagen later kreeg Beel van de koningin de opdracht om 'te informeren over de mogelijkheden om te komen tot de formatie van een kabinet dat zal mogen rekenen op een vruchtbare samenwerking met de Volksvertegenwoordiging.' Het tempo waarin Beel gewoonlijk werkte en de manier waarop hij problemen systematisch, tactvol en effectief aanpakte, was ook in dit geval kenmerkend voor hem. Net als later, tijdens de formatie van het kabinet-de Jong sprak hij zinnetjes als 'Nou doen we nog efkes dit en nog efkes dat', alsof het ging om het snel in elkaar zetten van een meubelstuk in een eenvoudig opgezet bouwpakket. (Toen ik het jaren later met haar over hem had, noemde koningin Juliana Beel: 'mijn eigen politieke schrijnwerker'.)

De toenmalige commissaris van de koningin in Brabant, dr. Jan de Quay, werd door Beel benaderd om de informatie-opdracht om te zetten in formatiepraktijk, wat resulteerde in het kabinet-De Quay waarover ik het verderop zal hebben. Wat Louis Beel betreft: met hem kreeg ik pas na de Kamerverkiezingen van 15 februari 1967 weer intensief contact in de opmaat naar het kabinet-De Jong. De KVP had 8, de PvdA 6 zetels verloren; de ARP won er 2 en VVD en CHU bleven gelijk. Winst was er bij de Boerenpartij en met name bij D66 (7 zetels). Het politieke krachtenveld was toen in beweging, Hans van Mierlo beloofde het 'bestel op te blazen', de PvdA had 'Nieuw Links' en de KVP haar 'radicalen'. Twee dagen na de verkiezingen adviseerde Beel als vice-president van de Raad van State om Jelle Zijlstra te benoemen tot informateur. Een dag later ging Zijlstra in een tempo à la Beel aan het werk en legde op 21 februari de fractievoorzitters van PvdA, VVD, KVP, ARP en CHU het memorandum 'Hoofdlijnen van een beknopt regeringsprogramma' voor. Hierover waren de drie christen-democratische partijen en de VVD het al gauw eens en gingen de blikken in mijn richting als eventueel minister-president. Een baan waarvoor ik niet in aanmerking wilde komen omdat ik – in overleg met mijn fractie – prioriteit wilde geven aan het fractievoorzitterschap in deze veranderende tijden en er bovendien aan het thuisfront onvoldoende sprake was van stabiliteit.[3] Na Beel en Zijlstra hierover te hebben ingelicht, kwam ik, vanuit de overtuiging dat de KVP niet het premierschap zou moeten monopoliseren én omdat ik groot voorstander was van een christendemocratische eenwording, met de naam Biesheuvel.

Een suggestie waarmee Beernink het eens was maar die werd afgewezen door Toxopeus. Nadat de koningin zich, op aanraden van Zijlstra, nader had laten adviseren door de vier fractievoorzitters, deed ze opnieuw een beroep op 'haar eigen politieke schrijnwerker' Beel, die behalve vice-president van de Raad van State ook minister van Staat was en daarom met nadruk liet weten uitsluitend vanuit die laatste hoedanigheid te willen adviseren. Dat klinkt anno vandaag misschien wat érg formalistisch, maar Beel was niet van plan om bij het behandelen van deze politiekgevoelige materie op wat voor manier dan ook aanleiding te geven tot geluiden over partijpolitieke afhankelijkheid van de vice-president van de Raad van State, waardoor automatisch de politieke onafhankelijkheid van het staatshoofd in het geding zou kunnen komen.

Intussen zat het land al bijna een maand met een demissionair kabinet, voor iemand als Beel een onacceptabel lange periode. Tijdens zijn gesprekken met Zijlstra en de fractievoorzitters ging hij dan ook veel verder dan alleen maar de lijmpoging tussen Biesheuvel en Toxopeus: zoveel mogelijk ministersposten werden al 'bezet'. Maar ondanks alle spitwerk had Biesheuvel, die vanaf 9 maart formateur was, moeite met de keuze van zowel enkele bewindspersonen als de portefeuilleverdeling. De volgende formateur moest daarom uit de KVP komen en gezien de situatie stonden op mijn lijstje karaktereigenschappen als crisisbestendigheid, bindend vermogen en gezond verstand bovenaan. En zo kwam ik op Piet de Jong, die in zijn loopbaan als onderzeebootcommandant, staatssecretaris en minister van Defensie zeker voldoende (politiek) bestuurlijke ervaring had opgedaan. Na een lichte aarzeling van de koningin en van Beel, die De Jong waarschijnlijk nog vooral zagen als oud-adjudant van de koningin, kreeg De Jong toch de opdracht. De mening dat de Jongs formatie kon slagen 'door de Jongs grotere soepelheid, door de massieve steun van Aalberse en Schmelzer en door het gegeven dat met De Jong 'de vier' een laatste kans kregen het samen eens te worden'[4] vind ik onvolledig. Liever zou ik eraan willen toevoegen: 'en niet minder dankzij zowel het constructieve vóórwerk van Zijlstra en Beel als vanwege het zorgvuldig en compleet geploeg van de onbetwist integere Louis Beel'.

Jan de Quay
Dr. Jan de Quay, de minister-president in wiens kabinet ik zat als staatssecretaris Algemene Zaken na mijn tijd bij

Drees en Beel, kende ik nog vanuit mijn studententijd. Bij hem volgde ik colleges psychotechniek en deed ik het tentamen voorafgaand aan het kandidaats. In zijn colleges bracht De Quay een visie over het voetlicht die zeker betekenis had voor mijn politieke vorming en die in sommige opzichten parallel liep met de lessen van Spierenburg, namelijk de overtuiging dat het naast het ontwikkelen van idealen van groot belang is om je, zowel voor eigen vorming als voor effectieve communicatie met medemensen, te verdiepen in achtergronden en motieven van de mensen die je ontmoet of aan wie je leiding moet geven. Hoe een psychologisch zo geschoold man als De Quay zo oprecht in de veronderstelling heeft geleefd dat de Nederlandse Unie, die hij oprichtte met Linthorst Homan en Einthoven, ooit serieus een bolwerk kon zijn tegen nazistische invloedverspreiding, heb ik nooit kunnen begrijpen; maar naast al zijn politieke betrouwbaarheid en intellectuele gaven heb ik De Quay ook leren kennen als naïef. In combinatie met zijn kwetsbare gezondheid (hij trad pas aan als premier nadat zijn arts het had goedgekeurd), gaf dat een combinatie die maakte dat bijna niemand zich bij hem ontheemd voelde. Een voor alles en iedereen openstaande man, maar geen zacht eitje. Als het om betrouwbaarheid ging of om fair play, kon hij zelfs onverwacht strijdbaar zijn zoals bijvoorbeeld tijdens een crisis die op 23 december 1960 werd uitgelokt door de ARP- en CHU-fracties vanwege hun kritiek op het woningbouw- en financieel beleid van ARP ministers Van Aartsen en Zijlstra. Toen een poging om tot een oplossing te komen van de kant van de KVP, met name door Van Eibergen en Bruins Slot werd afgewezen, weigerde De Quay enige handreiking maar drong er bij de 'overvallers' op aan de onenigheid in de beslotenheid van de eigen fractie op te lossen. Wat vervolgens, met hulp van prof. dr. De Gaay Fortman lukte.

En dan de kwestie Nieuw-Guinea! Hoe is het uitgerekend deze niet politiek geschoolde De Quay gelukt in die brandbare zaak een doorbraak te bevorderen? Al toen hij aantrad als premier zag hij dat Nederland onmogelijk de belofte aan het volk van Nieuw-Guinea over een onafhankelijke toekomst kon waarmaken, omdat Indonesië het als een onlosmakelijk deel van de natie beschouwde, dat desnoods met militaire middelen zou worden verdedigd tegen de oude koloniale bezetter. Bovendien stond de wereld in het teken van dekolonisatie, dus in de Verenigde Naties zou Nederland evenmin steun krijgen. Maar, de sterke stroming die vond dat de belofte over zelfbeschikkingsrecht moest worden nagekomen won aan kracht, mede omdat de onbetrouwbaarheid van president Soekarno steeds duidelijker werd. Moeilijkheid voor De Quay was de houding van minister Luns van Buitenlandse Zaken die bleef volhouden dat zijn Amerikaanse collega, Foster Dulles, had toegezegd Nederland te steunen in geval van een militair conflict.

Beloftes die nergens waren vastgelegd. Misschien heeft Dulles wel eens iets in die richting gezegd maar binnen het kabinet was ik het met mensen als Zijlstra, Cals en Scholten eens dat het geen reële optie was. Niet alleen omdat er niets zwart op wit stond; de antikoloniale politiek van de Verenigde Staten zou onmogelijk toestemmen in het militair steunen van een koloniale mogendheid.

We steunden binnenskamers De Quay in zijn opvatting dat naast het zoeken naar een vorm van internationalisatie in de kwestie, de opbouw van een vertrouwenwekkend bilateraal contact met Indonesië noodzakelijk was. Wie schetst onze verbazing toen De Quay tijdens een informele ontmoeting met de pers in september 1969 'hardop denkend' opperde dat Nederland bij de komende VN-Assemblee zou trachten de kwestie Nieuw-Guinea te internationaliseren. Een terecht standpunt, alleen: intern was het nog helemaal niet doorgesproken met Luns of de betrokken politici in de Kamer en als toetsing van externe reacties kwam zijn 'hardop denken' veel te vroeg! De Quay kreeg, behalve de woede van Luns, zo'n enorme storm van kritiek vanuit media en politiek over zich heen, dat hij me bij zich riep en verzuchtte: 'Zie je wel dat ik niet geschikt ben voor de politiek? Ik kán het niet, ik treed terug!' en hij haalde aan dat hij zijn ministerschap van Oorlog na de bevrijding van Zuid-Nederland niet dankte aan zijn gijzelaarschap, maar – en hij citeerde premier Gerbrandy's woorden: 'omdat je vader generaal is geweest ...' Het was niet de eerste keer dat hij twijfelde aan zijn politieke kwaliteiten, maar ook nu weer wisten wij, zijn vrienden in het kabinet, hem ervan te overtuigen dat hij voor het land wel degelijk waardevol was. Niet dat we hem niet zo nu en dan zagen struikelen, maar met steunpilaren als Zijlstra op Financiën, De Pous op Economische Zaken en soms ook Korthals op Verkeer en Waterstaat, én gezien de sfeer in het kabinet die er een was van 'we laten onze Jan toch niet vallen?', zou het waarachtig wel lukken.

Uiteindelijk werd de ontwikkeling rond Nieuw-Guinea beslist door de Verenigde Staten, die bij monde van minister Robert Kennedy in februari 1962 duidelijk kwam maken dat zijn land Nederland niet militair zou steunen, op 3 april ontving De Quay van Roberts broer, president Kennedy, voorstellen over een overdracht via de Verenigde Naties aan Indonesië (plan-Bunker). Na twee maanden intensief onderhandelen werd dit akkoord op 15 augustus 1962 ondertekend door Nederland, Indonesië en de Verenigde Naties.

Knap werk van de Quay dat hij daarna Luns – die zich vanaf de eerste minuut had verzet tegen het opgeven van Nieuw-Guinea – niet alleen aan boord van het kabinet wist te houden, maar hem er ook van afhield rancuneuze reacties te ventileren richting pers en publiek. Natuurlijk speelde daarbij dat Luns niet bepaald afkerig was van Buitenlandse Zaken, maar toch heeft zijn stilzwijgende houding naar buiten er toe bijgedragen dat de mensen die het met hem eens waren, zich eerder bij de overdracht neerlegden. Immers, als zelfs Luns geen andere weg meer zag, dan kon dit toch niet anders zijn dan de enig begaanbare weg? De Quay, bij al zijn politieke onbeholpenheid een man van gezond verstand en een onbaatzuchtige persoonlijkheid, hield het toch een volle termijn vol ondanks zijn ronduit kwetsbare gezondheid. Toen en later balanceerde hij vaak op het randje van de dood. "Nee Norbert, jullie dachten natuurlijk weer 'Jantje gaat dood', maar Jantje ís nog niet dood hoor!", grijnsde hij me een keer plagerig toe van onder de ziekenhuisdekens.

Een paar jaar voordat hij stierf vertelde hij dat een net doorstane ziekte-aanval een erg onprettige ervaring was geweest omdat het hem, de door en door gelovige katholiek, had verbijsterd dat hij was overvallen door de diepst denkbare twijfel over alles, maar dan ook alles waarin hij tot dan toe rotsvast had geloofd. Twijfel die te lezen is in levensbeschrijvingen van grote katholieke heiligen, dacht ik toen hij het me vertelde, maar ik zei het niet hardop, hij zou er alleen maar smakelijk om hebben gelachen, zijn gevoel voor humor was raak.

Of, tot slot, de volgende anekdote al ergens is gepubliceerd weet ik niet, maar hij is tekenend. In zijn tijd als minister van Oorlog wandelde hij eens langs een wachtpost van een kazerne die hij wilde bezoeken maar de toegang werd hem geweigerd. "Maar beste jongen, ik ben de

minister van Oorlog!" en hij toonde zijn paspoort.
"Neemt u me niet kwalijk, maar dat kon ik toch aan uw
neus niet zien?" "Dáárin heb je je nu vergist beste jongen,
want dááraan had je het juist wél kunnen zien!" klonk het
op z'n zangerig De Quays. Jan de Quay, geen politicus
van formaat maar voor de politiek van wezenlijk belang,
blijft voor mij een memorabele man, omdat hij een mens
van formaat was.

Barend Biesheuvel
Forse meningsverschillen, vooral tijdens het kabinet-
Cals, 'de Nacht' en de daaropvolgende formatieperiode,
zijn vooraf gegaan aan wat een levenslange vriendschap
zou worden tussen mr. Barend Biesheuvel en mij. In de
meeste opzichten waren we twee uitersten. Hij, de lange
zoon uit stevig Haarlemmermeers boerengeslacht, bondig formuleerder die in de media een vanzelfsprekend
gezag kon uitstralen, en ik, de kleine on-Nederlands
breedbespraakte, met in het openbaar blijkbaar meestal
een brandscherm van gladde ongrijpbaarheid voor het
gezicht. Biesheuvel kon het aandragen van praktische
oplossingen combineren met ideologische motivatie en
bezat duidelijke leiderskwaliteiten, die soms werden
gedwarsboomd door zijn tamelijk geringe mate van
geduld en overborrelende emotionaliteit waardoor hij
zich gauw geraakt voelde.
In oktober 1970 maakten wij op uitnodiging van het

Britse kabinet en het Lagerhuis samen met VVD-fractie-
leider Geertsema en CHU fractievoorzitter Mellema een
reis naar Londen. De onderlinge sfeer tussen de vier partijen was in die tijd zo goed dat een coalitievorming, als
de verkiezingsuitslag van 1971 het toeliet, helemaal niet
onwaarschijnlijk was. Alleen, de situatie bekijkend vanuit
de wil om te komen tot christen-democratische eenwording, leek het mij gewenst dan niet in zee te gaan met een
katholieke, maar met een protestante premier, met
Barend Biesheuvel dus. Maar Geertsema, die niet zeker
was dat Biesheuvel de hele ARP van rechts naar links
door eventueel woelig vaarwater kon leiden, en die
bovendien tot dan toe een niet meer dan oppervlakkig –
en eigenlijk tamelijk stroef – contact met hem had gehad,
aarzelde openlijk. Dat veranderde rigoureus tijdens ons
verblijf in het Kensington Hotel. Wetend dat Geertsema
nooit vóór een uur of drie, half vier ging slapen, stelden we
de 'nachtwake bij Molly' in. Om de beurt praatten we zo
over alles onder zon en maan en al na Biesheuvels eerste
'wake' waren de wolken uit de lucht tussen Geertsema en
hem. Alle posten in het kabinet waarvan we hoopten dat
het uit de verkiezingsbus zou komen, hebben we natuurlijk
niet, zoals werd gesuggereerd in de media, 'verdeeld' tijdens
dat Londens verblijf, maar het was duidelijk dat Geertsema
mikte op Binnenlandse Zaken en ik, gezien mijn BEB ervaring en voorzitterschap sinds 1967 van de kamercommissie
Buitenlandse Zaken, op Buitenlandse Zaken wilde komen.

Na de verkiezingen op 28 april 1971 ontstond, zoals wel vaker in het politieke circus, een onvoorziene situatie: we bleken voor een parlementaire meerderheid te zijn aangewezen op DS'70, een afsplitsing van de PvdA als correctie op NieuwLinks en Tien over Rood. Dat nam niet weg dat Biesheuvel op 22 juni, toen de formatie-arbeid begon, aan een paar van onze Londense 'afspraken' zeker houvast heeft gehad. Met name toen CHU'er Udink en De Koster van de VVD 'mijn' Buitenlandse Zaken claimden. Daar kwam overigens bij dat Veringa, mijn opvolger in de Tweede Kamer, liet weten dat de KVP uit de formatie zou stappen als ik niet de volgende minister van Buitenlandse Zaken wilde worden.

Mijn samenwerking met Barend Biesheuvel is, zonder te willen overdrijven, ideaal geweest. Hij was als oud-lid van het Europees Parlement gepokt en gemazeld in de Europese zaak en was in het kabinet een belangrijk gesprekspartner voor mij, wat meer dan plezierig was want de ministers van Financiën en van Buitenlandse Zaken zijn eenzaam wanneer ze niet de steun hebben van de minister-president. Al kort na ons aantreden kon onze samenwerking op de proef worden gesteld omdat in de Algemene Vergadering van de Verenigde Naties in New York het al dan niet toetreden van de Volksrepubliek China tot de AV en de Veiligheidsraad in plaats van Taiwan speelde. Mijn voorganger Luns had zich steeds van stemming onthouden, tegemoetkomend aan de afwijzende houding van de Verenigde Staten ten opzichte van de kandidatuur van een communistisch land. Tijdens het voorbereidend werk voor mijn reis naar New York over- legde ik hierover met mijn adviseurs op het departement omdat ik het vreemd, zo niet onwenselijk vond dat zo'n groot land, zo'n aanzienlijk deel van de wereldbevolking, medeverantwoordelijkheid over de gang van zaken in de wereld werd onthouden. Wat ik nog nodig had om mijn motivering kracht bij te zetten, was ook een volkenrech- telijke argumentatie, die pas na vrij lang zoeken werd gevonden. Het was een uitvoerige nota waarin professor Tammes volkenrechtelijk aanduidde dat de toelating van de Chinese Volksrepubliek in plaats van Taiwan bijzon- der verdedigbaar was, een vaststelling die door mijn voorganger niet was geapprecieerd en in een verre lade bleek te zijn beland. Binnen het kabinet lag de zaak ook gevoelig, met name DS'70 en de VVD voelden er niets voor. Biesheuvel steunde mij wel en samen wisten we, zij het met moeite, de kamercommissie Buitenlandse Zaken onder leiding van Max van der Stoel te overtuigen van de noodzaak van onze stap.[5] Biesheuvels steun kon ik ook goed gebruiken in New York, waar de Amerikanen falie- kant tegen ons voornemen waren en waar ik door mijn collega Rogers fors werd tegengesproken.

Terug in Nederland stelde ik samen met onder meer Terwisscha van Scheltinga onze stemverklaring op die Fack, de PV bij de Verenigde Naties, zou moeten voorlezen als de Albanese resolutie[6] aan de orde kwam. Eerlijk gezegd was ik wel opgelucht dat Fack na afloop, behalve natuurlijk door de vertegenwoordiger van de Chinese Volksrepubliek, ook door de PV van de Verenigde Staten werd gecomplimenteerd. Het kan niet verbazen dat ik het de moeite waard vind er hier aan te herinneren dat zeer kort nadat ik in New York zo persoonlijk was aangevallen over mijn opstelling, de Verenigde Staten, dankzij de geheime onderhandelingen van Kissinger, met grootse pingponggebaren de diplomatieke betrekkingen met diezelfde Chinese Volksrepubliek uit het ijs haalde. De voorbereidingen voor die 'scoop' waren dus in de coulissen al in volle gang toen dat geografisch kleine Nederland het roer richting Chinese Volksrepubliek openlijk omgooide! Overigens hadden wij al vanaf 1948 diplomatieke banden met China, sinds de kwestie Taiwan, alleen niet op ambassadeursniveau. Kort na de bovengenoemde Verenigde Natiesvergadering werd in deze lacune voorzien.

Dit was maar één voorbeeld van de steun die ik kreeg van mijn premier, die werk en vriendschap heel goed wist te scheiden maar juist via het politieke werk is Barend Biesheuvel een persoonlijke vriend geworden, die soms letterlijk als een onwrikbare rots kon staan temidden van tegenstromingen in zijn eigen partij. Over de grenzen kijkend van zijn eigen geloofsgemeenschap, integreerde hij christen-democratische samenwerking op een natuurlijke manier in het privé-leven. Zonder aarzeling vroeg hij mij, zijn katholieke vriend, spreker te zijn in de gereformeerde rouwdienst voor zijn onmisbare Mies in een tijd waarin dat nog niet zo vanzelfsprekend was. Dat de 'Club Biesheuvel'[7] nog regelmatig in goede harmonie samenkomt, is in niet geringe mate te danken aan het bindend vermogen dat hij wel degelijk bezat.

Langs de vier ministers-presidenten met wie ik niet als lid van een kabinet, maar vanuit mijn fractievoorzittersbankje heb samengewerkt, ga ik nu in vogelvlucht.

Vic Marijnen

Op 23 juli 1963 (ik was toen Tweede Kamerlid), trad na een nogal chaotische informatie- en formatielente het kabinet-Marijnen aan met in de Kamer een aantal tamelijk 'nieuwe' fractievoorzitters: VVD-er Toxopeus was professor Oud opgevolgd, Van Eysden kwam in de ARP op de plaats van Bruins Slot en in de KVP had Romme plaatsgemaakt voor dr. De Kort die, tijdens het maken van de formatieballetpassen, meer dan eens over zijn eigen benen was gestruikeld. Na in het begin van de besprekingen namelijk hardop te kiezen voor een 'Nationaal Kabinet', probeerde hij vervolgens de PvdA van het toneel te schuiven om ten slotte zichzelf als kandidaat voor het premierschap te presenteren. Dat daarvoor het nodige vertrouwen in brede kring was vereist, besefte hij pas om 'twee voor twaalf', tijdstip waarop oud premier De Quay met steun van onder andere Van Thiel, Cals en mij, lobbyde voor Zijlstra als voorman van een nieuw kabinet. Maar zoals ik al eerder zei, helaas wilde een ruime meerderheid van de KVP-fractie toen alleen iemand uit de eigen gelederen accepteren.

Dat werd mr. Vic Marijnen. Een rustige man van wie gedegen werk kon worden verwacht. Bovendien had hij als secretaris van het Algemeen Katholiek Werkgevers-bond en als minister van Landbouw en Visserij in het kabinet-De Quay met al zijn collega's in harmonie samengewerkt. En inderdaad, zelfs toen het land door de toetreding tot de rooms-katholieke kerk van prinses Irene en haar voorgenomen huwelijk met prins Carlos Hugo van Bourbon Parma, taferelen vertoonde als na een natuurramp, bleef premier Marijnen kalm als tijdens een kerkgang in een stille provincieplaats.[8] Toch slaagde hij er niet in het gezag op te bouwen dat nodig was om bij-voorbeeld een crisis te 'overleven'.

In 1965 kwam er een abrupt einde aan de periode-Marijnen vanwege een onderwerp dat ons anno vandaag alleen nog maar kan verbazen: de inrichting van het omroepbestel.[9] Maar ook de manier waarop het kabinet op 26 februari ophield te bestaan was verrassend; het ver-trok namelijk zonder enige interne stemming over even-tuele oplossingen! Niet ondenkbaar dat Marijnen schoon genoeg had van het aanhoudend gekissebis op dit terrein en geen heil zag in een nog meer oplopen van spanningen tussen stevige 'big spenders' als Veldkamp van Sociale Zaken en Volksgezondheid en Bogaers van Volkshuisvesting en Bouwnijverheid aan de ene, en solide financiers als Witteveen aan de andere kant van de kloof.

Ik was toen net anderhalf jaar fractievoorzitter en kreeg vijf dagen na de val van het kabinet het verzoek van de koningin om 'een onderzoek in te stellen naar mogelijkheden om te geraken tot een spoedige oplossing van het in het kabinet-Marijnen gerezen geschilpunt'. Lang werk had ik daar niet aan, de fracties bleken over begrippen als publieke en commerciële televisie nog meer met elkaar overhoop te liggen dan de leden van het demissionaire kabinet! Zelfs een nachtelijke zitting waarin ik probeerde een doorbraak te forceren had geen enkel resultaat. Blijkbaar was ik voor deze klus toch nog teveel een lichtgewicht als vrij nieuw fractievoorzitter tussen de geroutineerde kemphanen Smallenbroek (ARP), Geertsema (VVD) en Beernink (CHU). Alles en iedereen lag overhoop, want toelating van nieuwe zendgemachtigden en reclame zou belangenconflicten kunnen veroorzaken. KVP-kamerlid Van Doorn bijvoorbeeld was directeur van de KRO, ARP-kamerlid Roosjen zijn collega bij de NCRV en de voorzitter van de VARA kwam rechtstreeks uit de PvdA-fractie. Jammer dus, maar er was geen oplossing mogelijk. Marijnen had de juiste stap gezet en of hij

er in zou zijn geslaagd de spanningen op financieel-economisch gebied te overleven? Ik had daar zo mijn twijfels
over en dacht eerlijk gezegd in die dagen met spijt terug
aan de opstelling van de meerderheid van mijn fractie die
Zijlstra had geweigerd alleen omdat hij geen KVP'er was!
Maar dat was praten achteraf, al met al heeft Marijnen
gedaan wat hij kon en was er met een minder evenwichtig opererend premier waarschijnlijk een aanzienlijk wan-
keler evenwicht ontstaan in het Nederland van die dagen.

Jo Cals

Tussen Jo Cals en mij bestond zeker geen concurrentie in
de mate waarin er in de pers over werd gesproken. Als dat
wel zo was geweest, hadden we nooit zoveel jaren, ook
na 'de Nacht', in goede harmonie kunnen samenwerken.
En – al is uit die hechte samenwerking nooit de diepe
vriendschapsband ontstaan die ik ontwikkelde met mensen als Romme, Kleisterlee, De Quay en Biesheuvel –
toen ik Cals naar voren schoof in 1965 als de beste kan-
didaat-premier, deed ik dat uit overtuiging. Het was duidelijk dat hier een man aan het werk ging die zijn ver-
nieuwingsdrang meer dan eens koppelde aan een ambitieus beroep op publieke financiële middelen en die emotioneel eigenzinnig kon optreden tegenover mensen die
hem op dat terrein wilden afremmen en meer maathou-
den bepleitten.
Cals was een felle man die zich als een terriër kon vastbij-

ten in een plan waarin hij wat zag, zoals de hervorming van het voortgezet onderwijs (de Mammoetwet) waaraan hij jarenlang sleutelde. Het was in die tijd dat het grote publiek hem leerde kennen als een fel debater die uitblonk in scherpzinnige interventies en humorvol sarcasme. 'Notoire geldingsdrang' heb ik wel eens horen zeggen wanneer het over hem ging en hoe vaak heb ik niet gelezen dat zijn doordrammerigheid waarschijnlijk was toe te schrijven aan het feit dat hij fysiek klein van stuk was? Het zal niemand verbazen dat ik daarvan niet ondersteboven ben; zowel Piet de Jong als ik vallen namelijk in diezelfde categorie en bovendien hebben we nooit gemerkt dat op dat gebied onvrede aan Jo Cals knaagde. Trouwens, zijn huwelijk met de letterlijk met kop en schouders boven hem uittorenende Truus, was erg gelukkig.

Hoewel ik aan Jo Cals en aan de manier waarop wij naast en tegenover elkaar hebben gestaan, al de nodige aandacht heb besteed in het hoofdstuk over 'de Nacht', toch vind ik dat hij in dit hoofdstuk niet mocht ontbreken.

Jelle Zijlstra

Mijn eerste ontmoeting met Jelle Zijlstra vond plaats in februari 1953 onder aan de trap van hotel 'Cravate' in Luxemburg. De reden waarom ik daar stond past in een soort 'Hoe hoort het eigenlijk'-boekje over lang vervlogen politesse.

Omdat ik hoofd was van de Afdeling Europese Gemeen-

schap voor Kolen en Staal van de BEB[10] wachtte ik in
Luxemburg de minister van Economische Zaken op om
hem te assisteren tijdens de ministerraad van de EGKS.
"Mócht het mooi weer zijn, dan zou de minister wel eens
geen gebruik willen maken van een auto en naar de vergadering willen wandelen, loop daarom de route tussen
hotel en vergadergebouw maar eerst twee keer zelf, dan
kun je de minister foutloos en zonder omlopen begelei-
den", had mijn chef, mr. Blankenstein, mij aangeraden.
En ja hoor, de ijverige Schmelzer liep 's avonds twee keer
het parcours tussen hotel en vergaderzaal en stond de
volgende ochtend op alles voorbereid onder aan de hotel-
trap te wachten op zijn hoogste baas op aarde, minister
Zijlstra. Hij wilde inderdaad graag de auto laten staan en
kon na een 'achteloos' door mij begeleide wandeling zonder omwegen niet anders zeggen dan: "Tjonge, u weet
hier wel héél goed de weg!" Wie weet bracht ik hem door
mijn talent voor ochtendwandelingetjes wel op het idee
mij ook in de vergaderzaal structureel in te zetten als
postillon tussen hem en zijn Duitse collega Ludwig
Erhard, een manier van communiceren die heel goed
bleek te werken. Tijdens die vergadering heb ik ontdekt
hoe razendsnel Zijlstra zich de materie kon eigen maken
en hóe hij zich betrokken voelde bij zowel het Europese
eenwordingsproces als de christen-democratische samenwerking in Europa. In dat kader zagen we elkaar meerdere malen, onder andere tijdens christen-democratische

conferenties in Brussel en Salzburg; vergaderingen die voor mij als voorzitter van de Buitenland Commissie van de KVP en bestuurslid van de Europese Unie van christen-democraten een vanzelfsprekende zaak waren, maar voor hem als minister van Economische Zaken lag dat toch anders.

Hoewel hij vooral later graag in het openbaar zei geen 'homo politicus' te zijn, heb ik hem toch echt anders leren kennen. Eigenlijk al sinds 1954, toen een meerderheid in de Franse Assemblee het ratificatieproces voor de oprichting van de Europese Defensie Gemeenschap blokkeerde en ons land samen met België de onderhandelingen initieerde over een Europese Economische Gemeenschap. In dat kader werkte ik als lid van de Nederlandse onderhandelingsdelegatie geruime tijd in Brussel, vooral in het befaamde 'Val Duchesse' onder leiding van Paul Henri Spaak.

Een marathon van veel overleggen, nog meer papier en heel weinig slaap, maar ik genoot! Wat een kans om mee te werken aan een voor Europa uniek vredesproject; er ging echt geen dag voorbij zonder dat ik besefte dat ik mocht meewerken aan het maken van geschiedenis. En op dat traject was het Zijlstra die duidelijk en constructief betrokken was, die ons steun gaf waar en zodra hij maar kon. Niet echt verwonderlijk voor iemand die al kort na de oorlog was betrokken bij de Europese Beweging en de economische vleugel van de Beweging van Europese

federalisten. Het oprichten van de Europese Gemeenschap voor Kolen en Staal, wat losweking betekende van
één sector van de economie als geheel, vond hij weliswaar
een problematische zaak, maar toch zag hij in dit pio-
nierswerk een beslissende fase als opstap naar een omvat-
tend Europees verzoenings- en integratieproces. De
manier waarop hij hier het primaat van de politiek erkende, toonde aan dat in zijn beleving economische en financiële belangen nooit een doel op zichzelf, maar steeds een
dienstbare factor in meer brede doelstellingen waren. Wel
was Zijlstra duidelijk gelukkiger in de wereld van
Economie en Financiën dan in die van uitsluitend politiek, zelfs zijn proefschrift handelde over de omloopsnel-
heid van het geld. Hem kennende, kan ik me voorstellen
dat hij de weinige vrije tijd die zijn loopbaan hem gaf, liever besteedde aan zijn orgel, aan lezen en een goed glas
thuis dan aan weer een politieke vergadering. Bovendien
had ik de indruk dat het voor hem – de ongetwijfeld
veelzijdig hoogbegaafde die moeiteloos de meest inge-
wikkelde problemen doorzag en oploste – meer dan
eens op z'n zachtst gezegd een frustrerende tijdverspil-
ling was, als er in de politieke frontlijn moest worden
gemarchandeerd, of als voor de zoveelste keer water bij
de wijn moest worden geschonken. Moeizame onder-
handelingsprocessen met minder begaafden en kritiek
moeten incasseren van in zijn ogen minder bevoegden
waren evenmin zijn ideale invullingen van kostbare tijd.

In 1956, drie jaar na 'Luxemburg', kwamen we elkaar weer tegen toen ik aantrad als staatssecretaris in het laatste kabinet- Drees. "Ik wist al dat het ging gebeuren", zei Zijlstra opgewekt, "en je weet dat ik niet veel op heb met de PBO[11], maar als iemand het dan toch moet doen, heb ik maar liever dat jij dat bent!"

Zijn beeldend taalgebruik was een verademing in de vaak stilstaande lucht van Haagse vergaderingen. Zo karakteriseerde hij Drees als een bevlogen man, "maar mocht het paard van zijn idealen soms steigeren, spoedig liep het weer aan de teugels van doeltreffende zakelijkheid." Hij zelf bezat het soort zakelijkheid dat van hem de aangewezen man maakte om na 'de Nacht' het interim-kabinet te leiden dat een begin maakte met financiële sanering. 'Waar het heen gaat, Jelle zal wel zien' zong Wim Kan op oudejaarsavond 1966.[12]

Hoewel we elkaars deur niet platliepen, hielden we contact. De laatste jaren van zijn leven woonde hij met zijn vrouw in hetzelfde flatgebouw als mijn vrouw en ik in het Park Oud Wassenaar.

Twee keer per jaar trad hij aan als voorzitter van de vergadering van de vereniging van eigenaren. Uiteraard deden zich nogal eens verschillen van mening voor tussen de zestig eigenaren over dagelijkse zaken als bijvoorbeeld onderhoud van de gebouwen, financiering van gemeenschappelijke voorzieningen of werkzaamheden in het park. Allemaal besluiten die door een soort dagelijks bestuur van medebewoners al waren verzameld en/of verwerkt voor de tweejaarlijkse 'plenaire' vergaderingen. Aan de voorzitter van die vergadering de taak het beraad in harmonieuze banen te leiden en tot een bevredigende besluitvorming te brengen. Omdat hij me vroeg vice-voorzitter te worden, ben ik toen in de gelegenheid geweest om behalve van zijn voorzitterschap, ook in deze microsfeer van Parkvergaderingen weer van zijn taalge-bruik te genieten.

Jelle Zijlstra, sinds 2001 is hij er helaas niet meer.

Ik kan het niet helpen, maar als ik op Goede Vrijdag luister naar de Matthäus Passion, denk ik aan de zin die hij zonder aarzelen en snel opschreef als antwoord aan de Nederlandse Bachvereniging toen die hem meedeelde zijn plaats in de Grote Kerk te Naarden voortaan liever te schenken aan een sponsor: 'Het is spijtig te moeten vast-stellen dat U er de voorkeur aan geeft de plaats van een oprecht muziekliefhebber die voor Uw vereniging heeft gewerkt, over te doen voor een handvol zilverlingen.'

Piet de Jong

Op 21 maart 1967 verraste ik koningin Juliana met het noemen van Piet de Jong als formateur en toekomstig premier. Niet dat ze hem niet kende of waardeerde, hij was tenslotte drie jaar lang haar adjudant geweest, maar ze kon zich moeilijk voorstellen dat Nederland, in een politiekgevoelige tijd waarin 'oude' zeden en gewoonten rigoureus op de helling gingen, zat te wachten op een rechtdoorzeeë oud-marineman als minister-president. Daarbij kwam dat ik als voorzitter van de grootste fractie eerder in aanmerking kwam voor de baan. Maar, nadat ik de koningin en politieke collega's had laten weten in de Kamer te willen blijven, om te proberen daar de ervaring die ik tot dan toe als fractievoorzitter had opgedaan optimaal te gebruiken met het oog op dagelijks wisselende stemmingen in de samenleving, en dat er bovendien in mijn privé-leven tegenslagen dreigden die in het openbaar schadelijk zouden kunnen uitpakken, kon de Jong, crisisbestendig communicator met gezond verstand[13], aan de klus beginnen.

Als we achteraf bekijken wat het kabinet-De Jong tot stand heeft gebracht, kunnen we alleen maar vaststellen dat het een vergissing zou zijn om uit de Jongs onderkoelde opmerkingen als "ik hield de boot drijvende" of "I was just minding the shop", te concluderen dat het hier ging om een statisch, behoudend beleid. Want, hoewel hij op het eerste gezicht in die tijd van flowerpower misschien zijn uiterlijk tegen had (driedelig grijs, een langs de liniaal getrokken scheiding), was het zijn kabinet dat bijvoorbeeld de al voorbereide WAO en de AWBZ invoerde, dat financiële tegemoetkomingen deed aan het midden- en kleinbedrijf, en dat overging tot invoering van een omstreden Loonwet in een fase waarin de reële positie van de loontrekkenden er jaarlijks met 4,5% op vooruitging.

Inspelend op de veranderingen in de maatschappij kwamen daar onder andere nog bij: de wet op de ondernemingsraden, onderwijsvernieuwing en -democratisering en op het gebied van Ontwikkelingshulp een nieuw accent inzake hulpverlening door particuliere organisaties. Eén van de voor de buitenwereld minder in het oog lopende daden was de zakelijke, bijna vanzelfsprekende manier waarop De Jong een voorstel over de financiën van het Koninklijk Huis door het parlement loodste, waarbij hij de structurele kant van de zaak aanpakte en een regeling opstelde, waarin werd vastgelegd welke kosten voor rekening kwamen van de rijksbegroting en welke van het Koninklijk Huis. Een complex mozaïek kwam hierbij aan de orde van onder meer personeel, gebouwen, domeinen, representatie en persoonlijke toelagen. En inderdaad, Piet de Jong bleef onder alle tegenwerpingen uit de Kamer (met name vanuit de ARP-hoek, waar de 'linkervleugel' niet blij was met De Jong) op z'n minst laconiek. Toen de pers Biesheuvels kritische taal omschreef als 'schoten voor de boeg', boog De Jong die definitie om tot 'saluutschoten van een gelijkgezinde mogendheid'. Een koelbloedigheid die ik me nog herinnerde uit zijn tijd op Defensie, toen zijn alom gevreesde secretaris-generaal Duyverman mededeelde dat, als De Jong het niet eens was met zijn ideeën over de organisatie op het ministerie, hij (Duyverman) vreesde de verantwoordelijkheid niet meer te kunnen dragen. Waarop De

Jong vriendelijk maar beslist als een commandant in oorlogstijd antwoordde een andere mening dan de zijne natuurlijk ten volle te respecteren en te verwachten dat dit dan zeker hun laatste gesprek was geweest.

Intussen was de periode 1967-1971 natuurlijk spannend, iedere verandering kon niets anders zijn dan een omwenteling, achter ons lag immers een tijd van strikte verzuiling waarin het automatisme 'een katholiek stemt op een katholieke partij en een arbeider natuurlijk alleen maar op de PvdA' had geheerst. Pas op 26 januari 1967 nam bisschop Bluyssen met zijn verklaring dat stemgedrag ook voor katholieken een volstrekt persoonlijke zaak was, afstand van het (pas!) dertien jaar oude episcopale verbod aan rooms-katholieken om PvdA te stemmen of lid te worden van de VARA. Hoewel zowel Piet de Jong als ik van harte instemden met dit emancipatieproces, werden we toch nog vaak gezien als 'ouwe verstarde hap'. Tijdens het door De Jong ingestelde tv-gesprek met de minister-president op vrijdagavond was het voor de journalist dan ook een verrassing toen De Jong op de vraag: "Wat vindt u van pornografie?" antwoordde, dat het een uitstekend middel was tegen zeeziekte. Een paar dagen na de uitzending complimenteerde ik De Jong met zijn vondst. 'O, maar dat wás geen vondst hoor, dat ís zo! Zodra ik zag dat er een matroos wit om de neus werd bij zwaar weer, gaf ik hem zo'n boekje uit het bibliotheekje dat ik speciaal voor dit soort situaties aan boord had. En wég was de zeeziekte!'

In de kabinetsperiode van Piet de Jong wisselden hard werk aan structurele veranderingen en schaterlach elkaar regelmatig af en het vertrouwen dat ik aan het begin van de rit in hem had, heeft hij niet beschaamd. Integendeel, dus waarom heeft de KVP hem in hemelsnaam geen lijsttrekker gemaakt in 1971? Ik kan daarvoor maar één verklaring vinden: het hoe dan ook willen afdwingen van vernieuwing, verjonging. En hoewel De Jong wel degelijk had leidinggegeven aan een ontwikkeling naar vernieuwing, was hij er geen exponent van geweest. Daarom meende men te moeten kiezen voor de relatief 'jonge' minister van Onderwijs en Wetenschappen, Gerard Veringa.[14] Mijn pleidooi om De Jong dan tenminste als lijsttrekker te zetten op één van de vier verkiezingslijsten, verdronk in de golf van begeerte naar koste wat kost vernieuwing. Fons van der Stee, die Piet Aalberse was opgevolgd als partijvoorzitter, maakte het zelfs zo bont dat hij "wel bereid was De Jong een tweede plaats aan te bieden op één van de vier verkiezingslijsten'.[15] Voor iemand die als premier het land een goede dienst had bewezen, een beledigend voorstel waarop De Jong dan ook terecht niet inging. Met in mijn richting een onvervalste onderzeebootcommandantenknipoog – "Ach, Norbert, als je een paar keer de dood in de ogen hebt gezien, ben je niet meer zo gauw in de war van de politiek" – nam hij afscheid van 'Den Haag'.

Het zou nog jaren duren voordat het inzicht kwam in de

prestaties van De Jong en zijn betekenis voor zowel de publieke zaak als zijn partij.

Wat hebben deze ministers-presidenten met elkaar gemeen behalve dat ze – op Drees na – uit één van de aan het CDA voorafgaande partijen voortkwamen? Het noemen van hun namen gaat meer dan eens gepaard met een kleine glimlach en hier en daar een vleugje weemoed. Dan wordt er gesproken over hoe groot het bindend vermogen van Drees, het financieel-economisch vakmanschap van Zijlstra, het relativerend gevoel voor humor van Piet de Jong wel was. Waren ze werkelijk zo anders van dimensie dan de politici van nu? Wie weet; in ieder geval was er toen ze in functie waren en nu we op hen terugblikken, geen enkele aanleiding tot het vermoeden van 'schandaaltjes' of het in twijfel trekken van zowel hun integriteit als de bereidheid tot volstrekte dienstbaarheid aan het land.

Zware woorden misschien, maar het maakte samenwerken wel zo plezierig. ❖

5
Muziek en politiek

Je waagt je op het hellend vlak,
Je kiest de politiek,
Je wordt een teckel in dat vak
En verre van ludiek.
En nu die teckel buiten staat,
Zeg ik en plein public:
Helaas, nu is het veel te laat,
Veel te laat, veel te laat
Om te leven van muziek.

Dit refrein hoort bij de tekst die de dichter Michel van der Plas me gaf om er muziek bij te maken voor een 'Antwoord aan Wim Kan', de grootmeester die in zijn oudejaarsconférence van 1973 aandacht besteedde aan de keuze die ik had gemaakt tussen muziek en politiek. Met zijn onvergetelijke mimiek ondersteunde Kan zijn mening hierover: 'En ik dácht nog: nóu ... hij speelde zo móói piano ...!'

Muziek, het was en is een beheersende factor in mijn leven en hoewel mijn moeder met meer enthousiasme dan professionaliteit speelde en zong, kregen mijn broer en ik de liefde voor muziek met de spreekwoordelijke paplepel ingegoten. Mijn broer zat op viool- en dwarsfluitles, ik speelde piano en als goede vooroorlogse zonen gaven wij onze vader, die zelf heel goed piano en viool speelde, in 1937 op zijn vijftigste verjaardag een grammofoonplaatje, dat we hadden opgenomen bij de firma Sprenger in de Haagse Passage, waarop mijn broer en ik de *Impromptu* nummer 2 van Schubert speelden. Of ons niveau de compositie enigszins eer aandeed, weet ik niet meer, het plaatje is verdwenen. De herinnering aan vaders ontroering niet.

Een concert begon voor mij al met het stemmen van instrumenten en in het Gebouw voor Kunsten en Wetenschappen werd daardoor al vanaf het eerste moment na binnenkomst een sfeer van verwachting gecreëerd, die de weinige vrije avonden in mijn middelbare schooltijd vulde en optilde. Tijdens de pauze van één van die schoolconcerten (met meer dan enthousiaste uitleg door Peter van Anrooy), hoorde ik iemand zeggen dat de vleugel na afloop zou blijven staan omdat Henriëtte Bosmans de volgende middag het Tweede Pianoconcert van Rachmaninov wilde repeteren. Uitgerekend het stuk waarop ik, overigens zonder enig perspectief het ooit goed te kunnen spelen, onder leiding van mijn pianoleraar Delfgauw studeerde. Geholpen door mijn niet grote, noch dikke omvang kon ik de volgende middag ongezien via een open raampje aan de achterkant van het gebouw naar binnen glippen en achter dikke zaalstoelen kruipen

Portret uit 1969.

Het ouderlijk huis aan de Laan van Koot in Wassenaar.

De ouders van Norbert Schmelzer in 1950.

Met koningin Juliana tijdens een staatsbezoek in 1971 aan Luxemburg. Op de voorgrond Gaston Thorn, minister van Buitenlandse Zaken van Luxemburg.

Met hoofdopzichter Roncken in de Limburgse staatmijnen (1959).

Bij de onderhandelingen over de toetreding van Groot-Brittannië tot de Europese Unie (1972).

De ondertekening van het toetredingsverdrag van Groot-Brittannië, Ierland en Denemarken in 1972. Aan de tafel links staatssecretaris van Buitenlandse Zaken Tjerk Westerterp. Links achter hem twee van de grondleggers van de Europese Unie, Jean Monnet en Paul Henri Spaak.

*Met jiu-jitsu- en judoleraar Bob van Nieuwenhuizen
(Den Haag 1972).*

*Als voorzitter van de commissie Buitenland op een
bijeenkomst over Europa naast Leo Tindemans,
premier van België (Den Haag 1986).*

Met de journalist Martin van Amerongen in de oude Tweede-Kamer (Den Haag 1991).

Michail Gorbatsjov zingend bij de piano tijdens een bezoek aan Nederland in 1992. Links tolk Palatsjenko, rechts gastheer Fred Matser.

© Erik Geven

In gesprek met Ruud Lubbers (1999).

Met kinderen en kleinkinderen.

Met echtgenote Daphne (2000).

om vervolgens tijdloze uren te beleven. Uren waarin ik kon ervaren hoe vastberaden en nooit opgevend er moet worden gewerkt aan het bereiken of benaderen van hoge kwaliteit.

Een heel ander soort muziek maken werd van mij verwacht in mei 1945 toen ik, vers uit de onderduik, werd opgepikt door een jeep van het Regiment Stoottroepen Limburg dat in Duitsland was ingedeeld bij het Amerikaanse Negende leger. Het regiment was in nood, aldus mijn studievriend Will Kint, in die tijd onder de naam J.W. Hofwijk werkend als schrijver en oorlogscorrespondent. De afdeling 'Ontspanning' had dringend verse ideeën nodig op het gebied van liedjes, sketches en noem maar op om de moed er bij de soldaten in te houden. Denkend aan mijn optreden tijdens studentenfeestjes met mijn 'Mexican Dog', had Hofwijk mijn naam genoemd en kreeg van commandant Van Kooten het bevel: 'Ga hem halen'.

'Ik word artiest!' meldde ik mijn ouders opgewekt. Ze knikten begrijpend, wat konden ze anders doen in die totale bevrijdingsroes waarin alles mogelijk was?!

Een paar uur later ging ik de grens over met identiteitspapieren van Alphons Laudy, een gesneuvelde stoottroeper op wie ik ergens in de verte een beetje leek en de volgende dag zat ik achter een schitterende Blüthner-vleugel, tot voor kort bezit van een nazi-burgemeester.

De afdeling 'Amusement' van het regiment bestond uit

de meest uiteenlopende mensen. Op mijn muziek werden bijvoorbeeld teksten gemaakt door Joop Simons (later hoofd Amusement Vara), die ze liet zingen door Doude van Herwijnen, een levensgenietend acteur die als bohémien zou verder leven en werken in de Verenigde Staten en in Frankrijk. Maar wat ons bond was de wil om een zo veelkleurig mogelijk, zich steeds vernieuwend programma te brengen voor de Nederlandse Stoottroepers en de Amerikaanse soldaten. Optredens waar we soms heen werden gevlogen in een buitgemaakt piepklein Bücker-vliegtuigje dat het wonderlijk genoeg nooit liet afweten. Bij aankomst moesten we meer dan eens worden 'beschermd' door de militaire politie ter plaatse, niet omdat ons repertoire zo ruig was, maar vanwege de nauwsluitende avondjurken van onze twee zangeressen. Pam Koningsveld, de blonde verloofde van Joop Simons, en de donkere Edith Eichwald, die dankzij haar heel speciale timbre bij het Metropole Orkest werd gevraagd voordat ze naar Amerika emigreerde. Twee sirenes op het podium, wel wat veel voor hongerig soldatenvolk dat vaak al jaren van huis was en dat 'the singing sisters' met een rauw oerwoudgebrul verwelkomde.

Een aanzienlijk minder erotisch geladen, maar vanwege de herkenbaarheid van de situatie toch succesvol onderdeel van het programma, was de 'komische opera', waarin zwarthandelaar Gregory zijn vrouw en vervolgens zichzelf doodschoot omdat hij na de bevrijding geen

130

werk meer had, een dochtertje achterlatend dat geluk-
zalig kweelde: "Hoera hoera, een dooie pa en ook een
dooie ma, hoera! Nu erf ik het geld van pa en ma, lang
leven zij, hoera, hoera!"[1]

Na deze bruisend drukke maanden waarin ik tot mijn
grote vreugde aan de lopende band en steeds onder grote
tijdsdruk nieuwe liedjes moest leveren, kwamen de
beroepsartiesten die niet bij de Kultuurkamer hadden
willen werken, weer boven water. Hoewel ik daar
natuurlijk alle begrip voor had, nam ik toch met moeite
afscheid van mijn nog verse status van 'artiest' en niet
lang daarna werd ook mijn roemruchte militaire carrière
afgesloten met het 'eervol ontslag van de soldaat
Schmelzer'.

Met de structurele grondslag van muziek, compositieleer,
had ik midden in de oorlog kennisgemaakt dankzij een
bijzondere leraar.

Niet ver van mijn ouderlijk huis aan de Laan van Koot
woonde op nummer 33 de familie De Jong met twee
muzikale dochters. Andrée studeerde piano bij Leon
Orthèl en Mieke speelde viool op professioneel niveau.
Hun vader, een industrieel, antroposoof en kunstliefheb-
ber, hielp musici die geen lid waren van de Kultuurkamer
aan enige inkomsten onder andere door het organiseren
van huisconcerten. Als het even kon, schoof ik dan aan
bij het 'publiek'. Op een keer werd ik gevraagd na afloop
van een concert een eigen compositie voor te spelen aan

Joachim Röntgen, die natuurlijk moet hebben gehoord dat ik hem geen topklasse voorschotelde, maar die me toch nadrukkelijk de raad gaf professionele klassieke compositieles te nemen. Een geweldige aanmoediging vond ik dat, maar bij wie zou ik me kunnen aanmelden? Hij noemde de naam van een componist wiens strijkkwartetten hij op het programma had: Robert de Roos, leerling van onder andere Darius Milhaud en hoog aangeslagen door dirigent Pierre Monteux. Dankzij de Voorburgse uitgeverij Ten Hagen die hem tegen betaling werk liet verrichten, kon De Roos in die bezettingsjaren het hoofd enigszins boven water houden, samen met zijn vrouw Christa en zoon Peter. Niet lang nadat ik Röntgen had voorgespeeld, werd ik in een knus huisje tegen de duinen beluisterd door De Roos. En ja, hij wilde mij wel compositieles geven. Mijn vleugels van vreugde bij het horen van deze mededeling moesten snel worden gevouwen, want lessen kostten immers geld. De oplossing voor het probleem lag op de Kagerplassen: de zeilboot van mijn broer en mij. Spelevaren was vanwege de razziabezeten nazi's sowieso ondenkbaar, dus ....? Mijn broer kocht van zijn helft een prachtige zilveren dwarsfluit en ik besloot mijn deel van de opbrengst te beleggen in geestelijk kapitaal, in iets waar de vijand niet aan kon komen: de compositielessen van Robert de Roos.

Hij was een man die ik veel later, bij zijn uitvaart op 23 juni 1976, niet anders kon omschrijven dan als iemand

'die in zijn leven was als in zijn muziek: gaaf, eerlijk, geladen, maar met een fijne beheerste gevoeligheid'. Een
teruggetrokken mens in de omgang, maar tijdens de lessen zonder omwegen. Meteen tijdens de eerste les gaf hij
me een rake opdracht: componeer twee stukken voor
twee fluiten. "Waarom uitgerekend dat instrument?"
vroeg ik. Zijn verklaring was kort maar krachtig: in de
muziek die ik hem bij onze ontmoeting had voorgespeeld, hoorde hij een – waarschijnlijk vanwege mijn
opgedane ervaring als begeleider in kleine combo's –
behoorlijke harmonische ondergrond, maar een ruim
onvoldoende melodische uitwerking. Componeren voor
twee fluiten sloot de productie van akkoorden totaal uit
en was een geweldige praktische oefening in contrapunt.
Hiermee wilde De Roos mijn melodische creativiteit
prikkelen, zoals hij mij steeds weer heeft weten te motiveren tot ontdekkingstochten. Onder andere naar strijkkwartetten, waarvan de transparantie, coherentie en betekenis van elk individueel instrument mij steeds meer fas-
cineerden. Ook leidde hij me in in de wereld van de viool,
wat me ertoe bracht onder meer vijf stukken te schrijven
voor viool en piano.[2]
Hoewel de tijd waarin ik als leerling van Robert de Roos
de oneindigheid in noten probeerde te vangen, niet langer
duurde dan ruim twee jaar omdat ik toen moest onder-
duiken, heeft zijn invloed in mijn leven, ook buiten het
componeren, voortgeduurd.[3] Hij hoorde namelijk haar-

scherp welk aspect ik nog moest verkennen of uitdiepen: "Wissel die spanning nu toch eens af door ontspanning, exclusief gebruik van één van de twee wordt nooit verdragen, verlamt de vitale aandacht!"

Hem een in elkaar geflanste compositie presenteren was een onbegonnen zaak. Dat bleek toen ik op een dag mijn huiswerk, het eerste deel van mijn symfonie voor kamerorkest (violen, altviolen, cello's, contrabassen, fluiten, hobo's, hoorns) overhandigde. Na één panoramische blik over mijn werk vroeg hij met van verbazing opgetrokken wenkbrauwen: "Waarom laat je die 'e' en die 'd' door de hoorns spelen?" Ik herinnerde hem eraan dat ik bij het componeren een piano nodig had om eerst alles op te pingelen voordat ik een partituur kon uitschrijven en had geconstateerd dat ik voor alle noten een instrument beschikbaar had, behalve voor de twee noten die hem waren opgevallen en omdat ik alleen de hoorns nog beschikbaar had ... Zijn reactie liet geen ruimte voor twijfel: "Óf je laat die twee noten door de hoorns vervolgen door een zinvolle frasering die kan worden overgenomen door andere instrumenten, óf je laat ze weg. Zoals het er nu staat wek je een verwachting die je niet waarmaakt. In het leven doe je dat toch ook niet?"

In de herfst 1944 moest ik definitief 'weg' en werd daarbij geholpen door de familie De Jong, die mij onderdak bood in hun woonboot aan de Braassemmermeer en door botenbouwer Wester die mij opnam in zijn huis. Wester was een ferme Fries die in zijn huis zo'n ingewikkeld complex van sluipgangetjes en schuilplekjes had gemaakt dat het er uit zag als een soort Emmenthaler kaas. Behalve mij herbergde dit onschuldig uitziende houten 'Hellinghus' aan de Boddens Hosangweg in Woubrugge zeer regelmatig joodse onderduikers en andere door de nazi's ongewenste elementen.[4]

Muziek? Ook hier. Een accordeon die ik wel eens bespeelde op een verjaardag van 'betrouwbare' boeren in de buurt in ruil voor boter of meel. En aan boord bij de familie De Jong was een grammofoontje, dat me via het eerste thema uit Rachmaninovs Tweede Pianoconcert en vooral door de roep van de weemoedige hoorn in de Derde Symfonie van Brahms hielp erop te vertrouwen dat de kille oorlogsnevel over het water eens zou optrekken.

'Muziek en Politiek' heet dit hoofdstuk. Twee begrippen die ik met een hoofdletter schrijf. Naar mijn leraar Robert de Roos, die ervan overtuigd was dat ik klassiek componist van formaat kon worden, heb ik niet geluisterd. Daarvoor was mijn respect voor composities die in mijn ogen de middelmatigheid van mijn werk ver oversteegen, te groot.

Maar uit elkaar gingen we nooit, de muziek en ik. Ook zeker niet in mijn werk als politicus, waarbij ik niet zo ver wil gaan om te betogen dat muziek rechtstreeks effect heeft op politieke besluitvorming, hoewel ... ze kan wel degelijk bijdragen tot een meer positieve sfeer tussen mensen die zijn betrokken bij een overleg of besluitvorming.

Een enkel voorbeeld: in 1971 brachten koningin Juliana en prins Bernhard het allereerste staatsbezoek aan Indonesië, waarmee een moeizame postkoloniale periode werd afgesloten en nieuwe mogelijkheden tot samenwerking werden onderzocht in een geest van gelijkwaardig partnerschap. Dit staatsbezoek was de eerste stap en daarbij werden zowel mijn pianospel, waarom de koningin vroeg tijdens de receptie op de Nederlandse Ambassade, als mijn pogingen om te leren meespelen in een gamelanorkest gezien als een teken dat wij ons echt welkom voelden.

Ook tijdens een staatsbezoek in Groot-Brittannië klonk het: "My Minister plays the piano" van de koningin niet tevergeefs. Na afloop van het tegendiner in de 'Carpenter's Guild Hall' werd de gebruikelijke tijd voor het 'drankje na' ruimschoots verlengd, omdat met name prinses Margaret (onophoudelijk rokend uit een lange sigarettenpijp) en de Queen Mum, allebei leunend over de vleugel, steeds weer om nieuwe melodieën vroegen. Tijdens die avond verdiepte zich via gesprekken over muziek mijn vertrouwensband met de begaafde musicus premier Edward Heath en met mijn collega van Buitenlandse Zaken Sir Alec Douglas Home. Een niet onbelangrijke bijdrage van muziek in een fase waarin wij onderhandelden over de toetreding van Groot-Brittannië tot de Europese gemeenschap, maar een echt schilderachtige ervaring in verband met pianospelen tijdens staatsbezoeken had ik het jaar daarop.

Het begon al op vliegveld Soesterberg. Voordat ik als laatste aan boord ging van de regerings-fellowship om de koningin en de prins te vergezellen naar Frankrijk, werd ik even tegengehouden door de chef protocol van BZ.

"Norbert, ik moet je nog wél zeggen dat onze Franse vrienden er in het algemeen niet van zijn gecharmeerd als ministers gaan musiceren, en al helemaal niet tijdens staatsbezoeken." Ik dankte hem voor het advies en ging aan boord, me ervan bewust dat ik dit advies zo snel mogelijk moest doorgeven aan de koningin, omdat zij mij tot nu toe in het buitenland steeds had geïntroduceerd als haar pianospelende minister. Omdat er geen vaste plaatsing was aan boord, ging ik even naast haar zitten om het 'pianoprobleem' aan haar voor te leggen: "Het schijnt dat onze Franse vrienden niet houden van piano spelende ministers als gasten."

"Daar begrijp ik helemaal niets van, hoe kómt u daarbij?"

"Het is me net verteld door de chef protocol van het ministerie, de heer Beelaerts." De koningin keek even nadenkend voor zich uit, knikte en ging verder met lezen. Na aankomst wachtte ons een schitterend dejeuner in het Elysée, aangeboden door president Pompidou, zijn kabinet en andere autoriteiten. Nauwelijks tien minuten nadat het aperitief was begonnen, stapte Madame Pompidou op me af met de vraag of ik na afloop van het déjeuner piano zou willen spelen. Wat moest ik doen? De koningin stond te ver weg om de vraag te hebben gehoord en de boodschap van de heer Beelaerts klonk duidelijk in mijn oren, maar mijn iets te lange zwijgen en vermoedelijk nogal verbaasde blik maakten madame Pompidou een beetje ongeduldig: "Ja, monsieur le Ministre, ik houd er niet erg van als mensen zich vijf, zes keer laten uitnodigen voordat ze aan een verzoek gevolg geven. Ik heb een prachtige vleugel in de salon, alors …?!"

De sfeer aan tafel was redelijk vriendelijk, president Pompidou, premier Chaban-Delmas en mijn collega Maurice Schuman waren ten aanzien van de Europese integratie veel soepeler dan president De Gaulle, maar er waren toch óók een paar 'pijnpunten'; om te beginnen de grote teleurstelling over de steeds afnemende aandacht voor de Franse taal in het Nederlandse onderwijs. Een zorg die ik deelde (en nóg deel), maar waarover ik niets anders kon toezeggen dan dat het in het Kabinet met klem aan de orde zou worden gesteld. Een aanzienlijk meer controversieel probleem was het door de Tweede Kamer gesteunde protest van ons Kabinet tegen de Franse kernproeven boven de Stille Oceaan. De Fransen waren niet echt onder de indruk van mijn verdediging van ons standpunt, hielden vol dat de proeven zeker in

het belang van een niet van de Verenigde Staten afhanke-
lijk Europa waren, en deden mijn suggestie om die proeven liever in laboratoria dan in de natuur uit te voeren, af
als een vaag idee voor 'ergens wie weet in de toekomst'.
Zowel Pompidou als Schuman, weliswaar Gaullist maar
meer pragmatisch en coöperatief dan veel van hun geestverwanten, toonde in deze gesprekken een in mijn ogen
soms iets te grote beduchtheid voor een constructieve
band, een geïnstitutionaliseerd overleg met de Verenigde
Staten.

Inderdaad, het was een prachtige Pleyel-vleugel die me
wachtte na de lunch en waarop ik in een soort barpianisten-
stijl een potpourri begon te spelen bestaande uit musical- en
zigeunermuziek, evergreens en hits uit die tijd. De gespannen sfeer was in één klap totaal weg, er werd luid mee
geneuried en premier Chaban Delmas begon te dansen.

Een goed begin van een goed staatsbezoek dat eindigde
met een toespraak van de koningin voor studenten in
Straatsburg, gevolgd door een informele gedachtewisseling die een groot succes was.

Tijdens de terugreis ging de koningin naast mij zitten. Na
een paar algemene opmerkingen over het verloop van het
staatsbezoek, keek ze me van opzij aan: "Was er bij dit
bezoek niet iets dat u heeft verrast? O nee? Vond u het
dan niet merkwaardig dat mevrouw Pompidou u vlak na
onze aankomst vroeg piano te spelen?"

"Ja, daar begreep ik eigenlijk helemaal niets van."

"Dan zal ik u zeggen hoe dat komt. Zodra we in het Elysée waren, heb ik haar gezegd dat zij mij een groot plezier zou doen als ze u zou vragen na tafel piano te spelen en ik zal u ook zeggen waaróm ik haar dat vroeg. Ik heb geen énkele behoefte aan aanwijzingen op dit gebied van het protocol van het Ministerie van Buitenlandse Zaken."

Muziek, kan het iets anders zijn dan een grensoverschrijdende kunstvorm? Ook in dissonantie bezit ze een schoonheid van dwarsheid en lijden die appelleert aan een verlangen naar het onbereikbare dat eigen is aan de mens. Hoewel we bij voortduring trachten ons te wijden aan de theoretische analyse van het fluïdum dat bestaat uit melodische, harmonische en ritmische componenten, het blijft altijd een benadering. Muziek is te origineel, te existentieel, te geheimzinnig om werkelijk in alle volte te kunnen worden bevat. Er is zoveel muziek uit zoveel tijden, stijlsoorten en landen die mij echt pakt, dat ik me op deze plaats beperk tot het noemen van twee meesters, twee bemiddelaars tussen tijd en eeuwigheid, die voor mij – meer nog dan anderen – een opening scheppen naar een hogere, ontastbare wereld: Johann Sebastian Bach en Olivier Messiaen. Dat ik hierbij hun *Matthäus Passion* en *Éclairs sur l'Au-Delà* noem, heeft er niets mee te maken dat zij beiden voortkomen uit christelijk cultuurgoed of dat ik een gelovig christen wil zijn. Ook wil ik hun waarde niet monopoliseren want, danken wij niet aan al zoveel eeuwen en evenveel culturen een rijkdom aan muzikale genialiteit en creativiteit? Maar de manier waarop ik, zwoegende sterveling, bij Bach en Messiaen het ontworteld zijn aan de actualiteit, het overstijgen van de waan van de dag voel, vind ik bij geen ander in die mate. Het is een geluksgevoel dat zeker versterking heeft gekregen via de lessen van Robert de Roos, van wie ik verdieping in muzikale structuur en bewerktuiging leerde. En wiens vraag 'Waarom wek je in deze compositie een verwachting die je niet waarmaakt? Dat doe je in het leven toch ook niet?' mij blijvend richting heeft gegeven. ❖

6
Veelsoortige verleidelijkheden en andere buitenlandse zaken

Je hoort en leest er over en het schijnt iets te zijn dat óók hoort bij de menselijke bezigheid 'politiek': het min of meer openlijk aangeboden krijgen van financiële gunsten in ruil voor zakelijk of politiek voordeel, of het aanlopen tegen verleidelijke aanbiedingen met hetzelfde doel. Wat heb ik op dat gebied beleefd? Ik moet u teleurstellen, noch in mijn politieke frontliniejaren, noch daarna is me, in ieder geval in Nederland, iets dergelijks overkomen.

Inderdaad: bekendheid, invloed, 'macht' zijn factoren die vaak erotiserend werken en een politicus die ver van de thuisbasis op onvaderlandse wijze wordt gefêteerd en bijvoorbeeld drugs of een verleidelijk en makkelijk avontuurtje niet afslaat, kan daardoor chantabel worden of de taak waarvoor hij was ingehuurd, verknallen. Dat risico blijft aanwezig. Laat ik me beperken tot twee ervaringen in het buitenland.

Nadat ik in december 1963 was gekozen tot KVP-fractievoorzitter, werd ik, behalve voor onze Europese partners,

143

ook voor de Amerikanen een stuk interessanter want de KVP kon als grootste partij, wezenlijke invloed uitoefenen in het politieke krachtenveld. Niet erg lang na mijn benoeming kreeg ik als 'Young Political Leader' dan ook via de Amerikaanse Ambassade een uitnodiging van hun regering om een kleine zes weken hun gast te zijn en daarbij het grootste gedeelte van het programma zelf te bepalen. Wie zou ik willen ontmoeten, waarheen reizen, wat zien? 'The sky was the limit!' Mrs. Edith Newton, verantwoordelijk voor mijn 'political leader's orientation' soldeerde met grote vaardigheid mijn wensen aan de voorstellen van haar 'Institute of Governmental Affairs' in Washington.

Het zal niet verrassen dat het een boeiende ervaring was, want naast de grote indruk, die de vitaliteit van de Amerikaanse samenleving en de manier waarop het begrip 'gastvrijheid' in praktijk werd gebracht, op me maakten, had ik in Washington onder meer een gesprek met zowel Dean Rusk[1] als met leidende personen in het Pentagon, de Senaat en the House of Representatives. Kriskras ging het via onder meer New York (New York) en Boston (Massachusetts) naar Springfield (Illinois), Denver (Colorado), San Fransisco en Los Angeles (Californië) en Atlanta (Georgia), waar men in die tijd volop bezig was stap voor stap de gelijkwaardigheid van blank en zwart vorm te geven.

Natuurlijk speelden de Europese integratie en de NAVO,

en zeker de verhouding van de Europese Gemeenschap en de NAVO, in deze tijd van Koude Oorlog een niet geringe rol, waarbij duidelijk werd dat het inzicht omtrent doeleinden en werkwijze van de Europese Gemeenschap in de Verenigde Staten al even mager was als in Europa zelf. Waar mijn gastheren wél grote belangstelling voor toonden, was het risico dat de EEG zou verworden tot een protectionistisch blok, waarbij het mij ronduit verbaasde dat de kennis van en het begrip voor zaken als de cultuur of de belangen van andere landen, zo uitgesproken marginaal was in dit grootste land van de 'vrije westerse wereld'. Een houding waarin ik spijtig genoeg weinig tot geen verandering heb kunnen bespeuren tussen toen en nu.

Tijdens mijn reis als 'Young Politician' ontmoette ik nogal wat afkeer als ik vertelde over mijn grote bewondering voor de manier waarop christen-democraten in Latijns-Amerika zich vaak onder regelrechte bedreiging en druk van fascistoïde machthebbers, bleven inzetten voor meer sociale rechtvaardigheid en democratie.

Op mijn vraag waarom de Verenigde Staten zich in Latijns-Amerika toch zo dikwijls distantieerden van de daar opererende christen-democraten terwijl de rechtse militaire dictatoren wél voluit op Amerikaanse steun konden rekenen, kwam eigenlijk steeds hetzelfde antwoord: militaire regimes waarborgden een rust en stabiliteit, die door christen-democraten (ik kreeg zelfs als commentaar: 'dat zijn niets anders dan halve communisten, you know!') alleen maar gevaar konden lopen.

En marge van deze gesprekken kreeg ik in Washington de vraag of ik niet eens een Amerikaans bruiloftsfeest wilde meemaken, zo ja, dan was er twee dagen later wel iets op dat gebied te regelen. 'Maar ik ken het bruidspaar helemaal niet' was een zin die geen enkele indruk maakte; een Europese gast van de regering zou zeker welkom zijn!

Het bleek een groots opgezette bruiloft te zijn met een aperitief in een sprookjesachtig aangelegde tuin waarin gedurende ruim tweeënhalf uur meer dan stevig werd doorgeschonken, wat aan mij niet was besteed gezien de tamelijke beperktheid van mijn alcoholgebruik.

Tegen negen uur stond ik even alleen en zag uit één van de vrolijke groepjes naast mij een vrouw in mijn richting lopen. Het was het soort vrouw dat in een mannendroom niet zou misstaan. Ze glimlachte meer dan uitnodigend en begon de conversatie (het begon werkelijk op een mannendroom te lijken) op een toon, alsof ze hier de hele avond op had gewacht, met de mededeling: "I want to have intercourse with you."[2] Deze onverwachte vorm van Amerikaanse gastvrijheid overviel me geen klein beetje, maar ik was getrouwd en daarom niet van plan hierop in te gaan. Dus nee, het kon niet doorgaan. Einde mannendroom. Gelukkig bedierf mijn afwijzing de sfeer niet en na mijn vraag: "I don't think that this would solve anything, do you?"[3], begon ze zelfs te schateren en wuif-

de me 'farewell' terwijl ze terugliep naar het gezelschap'.
Jaren later, toen Edith Newton in Europa op bezoek was
bij de 'political leaders' voor wie ze in 1964 een reispro-
gramma had geregeld en ik haar bij wijze van anekdote
mijn ontmoeting met de 'glamour girl' vertelde, werd me
pas duidelijk op wat voor soort bruiloftsfeest ik was
terechtgekomen. "Maar Mister Schmelzer, didn't you
know?! Op die bruiloft waren uitsluitend functionarissen
van de CIA aanwezig!". Ik ben er niet verder op doorge-
gaan en, ofschoon het van Amerikaanse zijde natuurlijk
wordt ontkend, lijkt het me nog steeds niet ondenkbaar
dat in die tijd van Koude Oorlog, de vraag hoe sterk een
bondgenoot in de schoenen stond in geval van plotselin-
ge verleiding onder invloed van drank, onder andere kon
worden beantwoord door dit soort situaties.

De tweede ervaring is zeker niet vergelijkbaar met de
Amerikaanse bruiloft, maar toch ...
In 1971 begeleidde ik als minister van Buitenlandse
Zaken, koningin Juliana en prins Bernhard op het allereerste staatsbezoek aan Indonesië. We maakten een tussenstop van twee nachten in Bangkok. Een met het oog
op acclimatisatie nuttige maar ook plezierige beslissing,
omdat de verstandhouding tussen koningin en prins met
koning Phumibol en koningin Sirikit heel goed was. Het
Thaise koninklijk paar bood ons gastvrijheid aan in hun
paleis, waar wij de eerste avond op zo'n vroeg tijdstip van

tafel gingen dat de koningin opmerkte: "De heren willen zeker nog wel even de stad in?" Niet lang daarna hoorde ik prins Bernhard aan de chauffeur een adres opgeven dat hij van een KLM-piloot had gekregen. Omdat het qua veiligheid geen 'safe spot' bleek te zijn, reed de chauffeur ons naar wat hij een 'heel goed alternatief' noemde: 'Château Sani'. Inderdaad zag het er heel behoorlijk uit, ware het niet dat er op een paar bezette barkrukken na, helemaal niets te beleven viel. Wij besloten terug te gaan naar het paleis en daar met een snelle 'night cap' onze eerste nacht in de tropen dan maar vroeger dan bedoeld af te ronden.

Op de tweede en laatste avond in Bangkok ging ik met mijn Thaise collega Thanat Koman[4], het Thaise ambassadeursechtpaar in Den Haag en de Nederlandse ambassadeur Thorn Leeson, naar een diner dat de Zwitserse ambassadeur gaf voor EEG-ambassadeurs. Toen ik na afloop, rond half twaalf, aanstalten maakte om naar het paleis terug te gaan, werd er door de Thaise gastheren op aangedrongen de avond toch vooral af te ronden in de stad, iets waar ik aan de vooravond van het belangrijke staatsbezoek eigenlijk niet zo'n zin in had, maar hoe kun je de hartelijkheid van oosterse gastvrijheid pareren met een afwijzing? Omdat ambassadeur Thorn Leeson mij met klem verzocht hem te excuseren omdat hij echt te moe was na alle voorbereidingen van het bezoek van koningin en prins in Bangkok, stapte ik als enige

Nederlander van het gezelschap in de auto die ons een half uur later afzette bij ... 'Château Sani'! Dat leek in niets op de ingeslapen gelegenheid van de vorige avond. Glamour en glitter golfden op live muziek en nauwelijks een tel nadat we waren gaan zitten, gleed naast me op de bank een beeldschoon meisje dat onmiddellijk met tedere maar systematische bewegingen mijn been begon te masseren in opwaartse richting. Een situatie waaruit ik me maar op één manier kon redden: ik vroeg de vrouw van de Thaise ambassadeur in Den Haag ten dans. Maar die schudde het hoofd in vriendelijk onbegrip; nee nee, ze kon onmogelijk met me dansen, want (legde ze met veelbetekenende blik uit) dat zou werkelijk beledigend zijn voor het meisje dat nu juist speciaal was uitgenodigd om die avond 'Your Excellency geheel ter wille' te zijn. East is east and west is west ... Me verder te onderwerpen aan de professionele massage leek me echt geen goed idee en dus leidde ik de aan mij toegewezen schoonheid naar 'veiliger terrein', de dansvloer. Daar bleek dat er geen ontkomen aan was. De manier waarop ze met soepele bewegingen geen enkele ruimte tussen onze lichamen liet en het soort woordjes dat in mijn oor werd gefluisterd, hoorden niet thuis op een dansvloer in een openbare gelegenheid. Nee, ik kon haar invitatie niet aannemen, probeerde ik duidelijk te maken, met als reden: het voor de volgende ochtend vroeg geplande vertrek naar Indonesië. Zwak argument, maar op dat moment had ik niets anders. Alsof ik het voor haar onverstaanbare Nederlands had gesproken in plaats van het Engels dat zij uitstekend beheerste, zo onverstoorbaar liet ze mijn woorden op de glimmende dansvloer vallen. In tegendeel, onder het oosterse motto: 'meegeven om te kunnen overwinnen' ging ze niet in op wat ik had verteld, maar bouwde ze een tussenstapje in: "Dán wil ik nu met u ergens gaan eten."

Mijn uitvluchten waren op en ik zag geen andere kans dan een weg in te slaan die oosterlingen helaas vaak gewend zijn van ons westerlingen: die van botheid. En wel de Nederlandse variant: "Het spijt me, maar ik heb al gegeten." Gestaald door haar metier glimlachte ze: "Ja, maar ik nog níet!" Met een snelle handkus drukte ik vijfentwintig gulden, het enige geld dat ik op zak had, in haar ragfijne handje en stapte, na een hartelijk maar snel afscheid van het Thaise gezelschap aan tafel, in de wachtende auto naar het paleis. Het was één uur in de ochtend. Bij het binnenrijden van de paleistuin zag ik tot mijn stomme verbazing dat alle lampen in mijn suite op de parterre aan waren. En in dat licht zag ik twee personen ijsberen: ambassadeur Thorn Leeson (die te vermoeid was geweest om mee te gaan naar Château Sani) en ambassadesecretaris Ronald Loudon. Beiden begroetten ze mij meer dan verheugd. Wat was er in hemelsnaam gebeurd?

Een paar uur eerder was Van Thiel Coovels, functionaris

protocol BZ, met de late vlucht uit Jakarta aangekomen met het officiële programmaboekje voor het staatsbezoek waarop de naam van prins Bernhard totaal bleek te ontbreken.

"Waar is de minister?" had de prins gevraagd, maar alles wat men hem kon zeggen was dat de minister na het diner bij de Zwitserse ambassadeur 'ergens de stad in' was gegaan. Een mededeling die de sfeer niet echt goed deed en er werd serieus rekening gehouden met de mogelijkheid dat de prins, als deze fout niet op tijd werd hersteld, de volgende dag het eerste toestel naar Nederland zou nemen. Dat door die terugreis het staatsbezoek groot gevaar zou lopen was duidelijk en daarom besloten Thorn Leeson en Loudon mij op te wachten voor nader overleg.

Er kon geen minuut worden verspild, dus liet ik een codetelegram sturen naar premier Biesheuvel met de mededeling dat ik geen enkele verantwoordelijkheid zou nemen voor een eventuele terugkeer van de prins naar Nederland. Biesheuvel liet weten geheel achter mij te staan en ik belde de Nederlandse ambassadeur in Jakarta, Hugo Scheltema, om hem alles en iedereen uit bed te laten trommelen teneinde prins Bernhard nog vóór ons vertrek uit Bangkok een nieuw programmaboekje te kunnen presenteren.

Een en ander zorgde voor spannende momenten maar toen de dag aanbrak was het gelukt en we gingen mét prins Bernhard aan boord richting Jakarta. Is het een wonder dat ik toen en later wel eens dacht: Wat zou er van dat historische eerste Nederlandse Staatsbezoek aan Indonesië zijn terechtgekomen als ik was bezweken voor de verleiding van de mooie Thaise in 'Château Sani?

*

Man wagt sich auf die schiefe Bahn
Man wählt die Politik
Man wird ein Dackel in dem Wahn
Mit einem Staatsmann – tic.
Und da er nun doch draussen steht
Gesteht er offen hier: ach ja, nun ist es halt zu spät
Halt zu spät, halt zu spät
Für ein leben am Klavier.

Herkent u het? Het is de Duitse vertaling van *Antwoord aan Wim Kan* waarmee het vorige hoofdstuk begon. En mocht u denken dat dit een poging was van Michel van der Plas en mij om met dit wonderschone vers de Duitse hitlijsten te kraken: neen.

'Hoe denken de Nederlanders over de Duitsers en omgekeerd?' was in 1974 het thema van 'Der heisse Draht', een programma van de ZDF-televisie dat hoge kijkcijfers scoorde vanwege de combinatie van informatie, discussie en amusement. Als Nederlands oud-minister van Buitenlandse Zaken werd ik gevraagd hieraan mee te werken door de toen als 'talkmaster' omschreven presentator Joachim ('Blacky') Fuchsberger. En ja, ik heb tijdens die show aan een glanzende vleugel bovenstaand refrein gezongen, maar een 'elck-wat-wils' soort programma was het zeker niet. Gasten werden er allesbehalve zachtzinnig in behandeld en ik hoorde dat met name Duitse politici aarzelden om deel te nemen aan die gesprekken, waarin ze het levensgroot risico liepen voor joker te worden gezet. Maar het onderwerp waarvoor ik was uitgenodigd vond ik interessant en de andere Nederlandse gasten, dr. Mary Zeldenrust-Noordanus van de NVSH, Liesbeth List en The Cats, zouden zeker in staat zijn de Duitse kijkers een gevarieerd beeld van ons land voor te schotelen.

We hadden maar één Duitse 'tegenspeler', maar die mocht er dan ook zijn. Franz Josef Strauss, een zowel befaamd als omstreden politicus[5] die het klappen van de zweep kende als het ging om optreden in het openbaar. Toch zag ik hem vlak voordat de live-uitzending in Baden Baden begon, hoogst nerveus heen en weer lopen en in de coulissen met een sneltreinvaart een paar stevige slokken whisky achterovergieten. En ineens dacht ik terug aan de eerste en tot dan toe enige keer dat ik hem had ontmoet, twintig jaar eerder. Toen, in 1954, had een meerderheid van communisten en gaullisten in de Franse Assemblee het door de zes EGKS-landen gesloten oprichtingsverdrag van de Europese Defensiegemeenschap van de agenda afgevoerd, een gebaar dat, behalve een doodsteek voor

153

de ratificatie van het verdrag, een klap betekende voor het Europese integratieproces. Strauss, toen vice-voorzitter van de Beierse CSU, stapte in de auto en kwam naar Den Haag om voor een klein clubje uit de KVP, CHU en ARP te komen uitleggen, waarom hij als Duitser zo'n uitgesproken voorstander was van een werkzame Europese gemeenschap met sterk communautaire trekken. Hij hield een onverwacht emotioneel betoog waarin hij ons voorhield dat hij in 'Europa' een reddend wapen zag tegen het potentieel agressief Duits nationalisme. In zijn merkwaardige staccato manier van spreken somde hij op: 1870! 1914! 1940! en toonde aan dat binnen die korte tijd de nationalistische energie die in het Duitse volk leefde, al drie keer tot steeds gruwelijker oorlogen had geleid met vernietigende effecten voor zowel alle bezette landen als voor onschuldige bewoners in Duitsland zelf. Volgens Strauss kon een herhaling alleen worden voorkomen als Duitsland deel kon gaan uitmaken van een gemeenschap met eigen grensoverschrijdende bevoegdheden en bevoegdheden van organen die het belang van álle Europeanen nastreefden. Natuurlijk vonden we het, negen jaar na de bevrijding, een moedig geluid van Strauss. Zijn eigen, niet geringe energie, gebruikte hij tijdens dat bezoek overigens om veelomvattende doeleinden voor een Europese gemeenschap te onderstrepen: duurzame vrede, welvaart, welzijn, grotere concurrentiekracht ten opzichte van de Verenigde Staten, een meer constructieve invloed in ontwikkelingslanden en een grotere mate van veiligheid ten opzichte van de dreiging van de Sovjet-Unie. Met name deed hij een dringend beroep op ons om eventueel in Beneluxverband nieuwe initiatieven te ontwikkelen om de Europese eenwording weer op gang te brengen. Kortom, er woedde die avond een nietagressieve Beierse orkaan in Den Haag.

Diezelfde Strauss stond dus twintig jaar later in de coulissen van een 'talkshow' nerveus het begin af te wachten van een heel wat minder emotioneel geladen, op de toekomst gerichte gedachtewisseling over Nederlands-Duitse verhoudingen, waarbij de Tweede Wereldoorlog een niet geringe plaats innam. We zaten gewoon te praten als twee partners in een werkzame Europese Gemeenschap, een situatie waarin ik me gesterkt voelde in mijn overtuiging dat het politieke leven behalve uit tegenslagen en frustraties ook bestaat uit het stapje voor stapje gestalte helpen geven van idealen. Mooie gedachte, maar: die echte Europese Defensiegemeenschap is er (nog?) niet gekomen. Hoe het Strauss ook is vergaan na die uitzending van 1974, vanwege zijn getoonde Europese inzet vanaf die moeilijke startperiode in 1954 gunde ik hem zijn door de camera's onopgemerkte whisky's eigenlijk van harte.

Over drank gesproken: Op 5 mei 1981 zat ik om negen uur 's morgens in Bonn aan een werkontbijt dat qua

omvang en variatie makkelijk kon wedijveren met uitgebreide Britse ontbijten en waar meer dan royaal ...
Rijnwijn werd aangeboden.

Plaats van handeling: de Bondsdagwerkkamer van de
CDU-fractievoorzitter en partijleider Helmut Kohl.
Aanwezigen: de gastheer, de voorzitter van de CDA
Tweede Kamerfractie Ruud Lubbers en ik. Voor zover ik
Lubbers heb meegemaakt, waren ontbijt- en lunchcul-
tuur hem vreemd. De ons aangeboden overdaad zal dan
ook niet aan hem zijn besteed, maar het ging die ochtend
natuurlijk niet over de kwaliteit van de bacon en de eie-
ren, en al helemaal niet over koetjes en kalfjes. Terwijl de
zon vriendelijk scheen, waren we er ons van bewust dat
niet eens zo gek ver oostwaarts, in de grenszones van de
Sovjet-Unie, gevaarlijke SS-20-kruisraketten op West-
Europa waren gericht. Op zichzelf al reden tot ongerust-
heid maar, in combinatie met de al bestaande Sovjet-
overmacht op het gebied van conventionele en chemische
bewapening, zonder meer aanleiding tot grote alertheid.
In Duitsland maakte vooral de SPD-kanselier Helmut
Schmidt zich sterk voor een Europees antwoord op die
openlijke bedreiging waarbij hij zelfs aanvankelijke aar-
zelingen van pacifistische partijgenoten kon wegnemen.
Regeringspartner FDP en de oppositiecombinatie
CDU/CSU stonden aan de kant van Schmidt en wilden
eveneens het in West-Europa opgestelde wapenarsenaal
moderniseren om onze kans op veiligheid te vergroten.

Voorafgaand aan het 'ontbijt' bij Kohl had Diederick van Lynden (een ambassadeur die een voorbeeld was van het kunnen combineren van Nederland promoten op een ontspannen, gastvrije manier terwijl de vinger stevig aan de politieke pols werd gehouden) een diner georganiseerd om Lubbers en mij in (soms hernieuwd) contact te brengen met een veelvoud aan beleidsambtenaren, defensiespecialisten en politici uit verschillende partijen. Het was een kans voor ons om het Nederlandse standpunt uit te leggen en te ontkennen dat wij de Atlantische solidariteit wilden verkleinen. Maar vooral ging het er om Lubbers in een informele sfeer in contact te brengen met de Duitse visie over vrede en kruisvluchtwapens, want de Duitsers vroegen zich af 'Wat voor westerburen hebben we nu eigenlijk?' In België begonnen zo nu en dan ook felle discussies op te laaien, maar die waren qua omvang te verwaarlozen in vergelijking met de 'De-kernwapens-de-wereld-uit-te-beginnen-uit-Nederland'actie bij ons, aangevoerd door het Inter-kerkelijk Vredesberaad. In het belang van de wapenbeheersing had het kabinet-Van Agt/Wiegel, ondanks het inzien van het belang van een politiek/militair antwoord op de bedreigende ontwikkeling, besloten nog niet tot stationering van kruisraketten over te gaan. En zoals dat gaat in een grote familie, de Verenigde Staten en de bondgenoten die wél wilden plaatsen, stonden op hun achterste benen met als voornaamste argument dat pas na eensgezinde plaatsing in

West-Europa onderhandelingsresultaat zou worden behaald met de Sovjet-Unie.

Wat was wijsheid? Geen enkel zich als 'weldenkend' omschrijvend mens wilde oorlog, in welke vorm dan ook, maar welke geloofwaardige houding kon West-Europa zich veroorloven tegenover die Sovjet SS-20-raketten en Backfire-bommenwerpers? Als golven aan het strand rolden ideeën en discussies af en aan door Nederland, kwamen mensen bijeen om naar het ei van Columbus te zoeken en breed uiteenlopende oplossingen aan te dragen, die naast behoud van Atlantische solidariteit rekening hielden met de beweging tegen nucleaire bewapening. Politici en politieke adviseurs liepen bij Verenigde Statenambassadeur Jerry (Paul) Bremer in en uit en op 'Nederlands terrein' nodigde Dick Spierenburg[6] regelmatig een klein groepje uit, waarin onder anderen Ernst van der Beugel, Henk Neuman, Connie Patijn, Joris Voorhoeve en ik probeerden mee te denken over een geloofwaardige onderhandelingsbasis met de Sovjet-Unie. Liefst zonder, maar als het moest dan maar mét plaatsing. De meesten van ons hadden 'oorlog' aan den lijve ondervonden, en weigerden – zonder militaristisch te zijn – een herhaling van de weerloosheid mee te maken die de consequentie was geweest van 'het gebroken geweertje'. Zware afwegingen, die in die periode ook bij mij thuis werden gemaakt, onder andere tijdens een etentje dat ik, als voorzitter van de Commissie Buitenland van het

CDA, had met de toenmalige minister van Defensie Job de Ruiter en professor André Donner.

Nu is het allemaal geschiedenis en weten we langs welke wendingen het probleem 'kernwapens' ons nog zou leiden. Bizarre wendingen. In 1984 besloot het sinds twee jaar aangetreden kabinet-Lubbers tot plaatsing van 48 kruisraketten in Woensdrecht indien zou blijken dat de Sovjet-Unie op 1 november 1985 de 378 SS-20-raketten had aangevuld. Toen dit het geval bleek, tekende Lubbers op 4 november de plaatsingsovereenkomst met de Verenigde Staten. Toch is het uiteindelijk niet zover gekomen. Kan het zijn dat de Sovjet-leiders inzagen dat 'het Westen' qua technologische en economische ontwikkeling niet meer was in te halen, laat staan te verslaan?

En dat Pierre Harmel er in die dagen zijn doctrine uit 1967 (die neerkomt op 'agressie ontmoedigende optimale verdediging gepaard aan zowel optimaal overleg als optimale samenwerking') nog eens op heeft nageslagen, wil ik evenmin uitsluiten ...

New York, oktober 1971. Geen druppel drank, wel stilte in het gebouw van de Sovjetmissie bij de Verenigde Naties. Ik was nauwelijks drie maanden minister en eigenlijk niet van plan erg veel te reizen omdat ik prioriteit wilde geven aan beleid en aan de broodnodige (re)organisatie van het Departement, maar de jaarlijkse bijeenkomst van de Algemene Vergadering van de VN was een unieke gelegenheid om buitenlandse collega's te ontmoeten of beter te leren kennen.

Op één van die warme 'Indian Summer'-dagen bezocht ik de Sovjetminister van Buitenlandse Zaken, Andreï Gromyko, die al dertien jaar en negen maanden langer in functie was dan ik.

Waarom wilde ik hem per se ontmoeten? Zijn loopbaan bestuderend had ik tekenen gezien die er op wezen dat deze overtuigde volgeling van Lenin zich had ontwikkeld tot zowel een belezen ideoloog als een pragmaticus die de Sovjetinvloed vooral wilde versterken en uitbreiden zonder militaire agressie. Een instelling die aansloot bij mijn wens van een zo constructief mogelijke samenwerking met landen van het Warschaupact.[7]

Mijn tweede overweging om Gromyko te willen ontmoeten lag op het gebied van mensenrechten en hing samen met de omstandigheid dat Nederlandse ambassades de belangen van Israël behartigden in landen die geen diplomatieke betrekkingen wensten te onderhouden met Israël.

Robert Fack, onze plaatsvervanger bij de VN, en ik werden verwelkomd door Gromyko en een tolk. Nu was in het Sovjetsysteem het arbeidsveld van zo'n functionaris veel ruimer dan tolken alleen en in dit geval was een tolk eigenlijk overbodig want Gromyko sprak vloeiend Engels. Alleen, na een binnensmondse groet en een beleefd handgebaar dat uitnodigde om plaats te nemen, viel er een diepst denkbare stilte. Aan hem als senior de eer om het gesprek te openen, dacht ik.

Dacht ik verkeerd, want hij maakte daartoe op geen enkele manier aanstalten en bekeek me met ondoorgrondelijke pokerogen. Terwijl de stilte doorsuisde, bleef ik er niets voor voelen om als eerste te beginnen, een handeling die zou getuigen van onzekerheid. Hoe lang dit duurde? Een paar minuten op de klok, een half uur in mijn beleving. Langzaam stuurde hij de eerste woorden in mijn richting: "I do not like the airconditioning." Wat een kans om als David aan Goliath te laten blijken dat er andere meningen mogelijk waren!

"I do like the airconditioning."

Een reactie die hem deed opveren en met opgetrokken wenkbrauwen verhief hij zijn stem: "I do not like the airconditioning in my sleeping room."

Waarop ik, het kon niet uitblijven, antwoordde: "I do like the airconditioning in my sleeping room."

Terugleunend vroeg hij verbaasd: "In your sleeping room? But why?!!"

Een door mijn geboortestad Rotterdam ingegeven antwoord leek me op zijn plaats: "When I hear the sound of the airconditioning in my New York hotel room, I imagine that I am on a sea ship and that I fall asleep on the rhythm of the motors of the ship."

Het ijs was gebroken: "Ah! Seaships! Let's talk about sea- ships!", riep hij enthousiast en begon over Tsaar

Peter de Grote, die zich in Nederland actief had verdiept in scheepsbouw en met de daar opgedane kennis de grondslag had gelegd voor de Russische vloot.

Natuurlijk stapten wij al gauw over op andere onderwerpen, zoals het Nederlands beleid inzake de Europese integratie en de NAVO, waarbij ik kon beklemtonen waarom wij in beide een wezenlijk vredesinstrument zagen omdat ze agressief nationalisme dat al voor zoveel oorlogen in Europa had gezorgd, konden indammen en voorkomen. Niet verrassend dat hij ervoor pleitte dat de Europese Gemeenschap ('I give it the benefit of the doubt') zich zou distantiëren van de Verenigde Staten.

Maar voor mij was het belangrijkste element van dit ontmoetingsgesprek toch onze gedachtewisseling over mensenrechten en met name het thema dat ik thuis had doorgesproken met de Kamercommissie Buitenlandse Zaken onder leiding van Max van der Stoel: de positie van de joodse burgers in de Sovjet-Unie. Daarom begon ik te pleiten voor een uitbreiding van de wel erg restrictieve wijze van visumverlening aan Russische joden die naar Israël wilden emigreren. In dit stadium leek het mij niet effectief hierover redevoeringen te houden of publieke verklaringen af te leggen omdat die er meestal toe leiden dat de partij met wie wordt onderhandeld, zich dan verschanst achter argumenten als 'inmenging in binnenlandse aangelegenheden' of ontkenning, wat juist averechts werkt. Dus waarom het niet geprobeerd op een andere manier? Mijn toespraak voor de Algemene Vergadering stond voor een paar dagen later op de agenda en in dat verband vroeg ik Gromyko of hij mij zou willen adviseren over een bepaald onderdeel van mijn toespraak, wat hij graag wilde. Daarop vertelde ik dat ik tijdens die toespraak de Sovjet-Unie wilde oproepen om, in het kader van een zo vrij mogelijk verkeer van goederen, ideeën en personen, de emigratiemogelijkheid van joodse Sovjet-burgers naar Israël uit te breiden. Zijn antwoord op mijn vraag wat hij van deze formulering dacht, laat zich raden: "But this will cause …", zijn gezicht verstrakte terwijl hij naar het juiste woord zocht en de tolk in het Russisch om raad vroeg. Die suggereerde een bepaald woord, maar: "No, no, no, that is not the word that I mean." Volgende poging: "No, that is not the word either." En toen het derde aangedragen woord het evenmin scheen te zijn, werd de tolk met een kort gebaar de kamer uitgestuurd: "You go out of this room and look it up in the dictionary." En ja, daarin bleek het woord te staan: "Yes! 'Squabble' is the word! This will cause squabble!!" Ruzie dus. "I strongly advise you not to appeal to the Soviet Union on that day in that respect!"

Toen ik een paar dagen later mijn toespraak hield zonder het uitspreken van die oproep (wat ik overigens nooit van plan was geweest, maar het probleem was wél duidelijk op tafel gelegd), kwam hij naar me toe om me te danken dat ik 'zijn advies' had opgevolgd.

Een paar maanden later gaf hij gehoor aan mijn uitnodiging om met zijn vrouw naar Nederland te komen voor een driedaags werkbezoek.

Onderweg van Schiphol naar – toen nog – Hotel Kasteel Oud Wassenaar, toonde een voor zijn doen bijna uitgelaten Gromyko zich in alles geïnteresseerd. Rijdend door de Haarlemmermeer stootte hij me aan en vroeg welk gewas daar groeide en toen ik moest bekennen dat ik zeer terecht geen minister van Landbouw was en geen idee had wat er werd verbouwd, riep hij ronduit verheugd: "Maar ik wel! Het zijn aardappelen!" Hoe hij dat wist? "Well, I am a farmer's son!"

Het werd een levendig bezoek, met onder meer een gesprek met koningin en prins, minister-president Biesheuvel, een diner met de top van het Nederlandse bedrijfsleven en een ontmoeting met PvdA-fractieleider Den Uyl. Op cultureel gebied ging de duidelijke voorkeur van het echtpaar Gromyko uit naar de werken van Rembrandt in het Rijksmuseum, en toen ik aan het eind van het bezoek niet inging op zijn onverwachte verzoek een gezamenlijke verklaring (die hij al had laten opstellen ...) te ondertekenen waarin de betekenis van de samenwerking op Vrede en Veiligheid tussen de Europese Gemeenschap en de Sovjet-Unie los van de Verenigde Staten, centraal stond, gleed er een onvervalste Russische melancholie over zijn gezicht: "Rembrandt would have accepted it ...."

Ik had dit lijstje ontmoetingen natuurlijk veel langer kunnen maken, maar deze drie tonen denk ik goed aan dat het mogelijk is om niet alleen constructief om te gaan met mensen die dezelfde ideeën hebben over doel en indeling van de samenleving, maar ook, zoals in het geval van het laatstgenoemde contact in een verdeeld Europa, met persoonlijkheden die een daarvan afwijkende ideologie aanhangen.❖

7
Juliana, humaan
en constitutioneel

Dat uitlatingen in het publiek en handelingen op staatkundig gebied van zowel het Nederlandse staatshoofd als van leden van het Koninklijk Huis onder ministeriële verantwoordelijkheid vallen, is, zeker na wat er de afgelopen tijd op dat gebied is gebeurd met name rond Zorreguieta, De Roy van Zuydewijn en Wisse Smit, een algemeen bekend gegeven. En al mag de constructie van ministeriële verantwoordelijkheid in de ogen van sommigen als gekunsteld overkomen, zolang er een constitutionele monarchie bestaat is deze een noodzakelijkheid. Immers, op regeringsniveau moet er eenheid van beleid zijn en de gekozen volksvertegenwoordiging, het parlement, is er om de regering te controleren, te adviseren en om als medewetgever te fungeren, dus de Tweede Kamer heeft uiteraard óók tot taak een oordeel te vormen over de manier waarop een kabinet de ministeriële verantwoordelijkheid ten opzichte van het staatshoofd en de leden van het Koninklijk Huis waarmaakt. Ieder optreden dat niet door deze democratisch gecontroleerde ministeriële verantwoordelijkheid wordt 'gedekt', kan het constitutionele bestel in gevaar brengen. Dat deze verantwoordelijkheid, die los van papieren theorie keihard in de praktijk wordt toegepast, een onschendbaar staatshoofd soms in een spanningsveld brengt tussen menselijke emoties en constitutionele verantwoordelijkheden, is onontkoombaar en al zijn de paar ervaringen op dit gebied die ik in dit boek wil noemen niet wereldschokkend, misschien zijn ze toch voldoende informatief en inzichtverhelderend.

Tussen 1956 en 1973, vanaf mijn aantreden als staatssecretaris in het laatste kabinet-Drees, tot in mijn ministerstijd in het kabinet-Biesheuvel, maakte ik koningin Juliana regelmatig mee, natuurlijk ook in al haar emotionele betrokkenheid. Aan de vooravond van één van mijn eerste bezoeken aan Paleis Soestdijk die gepland was op een winterse ochtend om half elf, voorspelde het weerbericht ijzel en mist en ik sprak met mijn chauffeur af om ons vertrek uit Den Haag te vervroegen en 's ochtends om half acht te vertrekken. De toestand op de weg bleek mee te vallen en ik stapte om kwart over tien Soestdijk binnen, waar ik werd ontvangen door een stomverbaasde koningin.

"Maar ik heb de heer Röell[1] toch gevraagd om u te bellen dat u niét moest komen?" En toen ze hoorde dat ik vanwege het slechte weer om half acht was vertrokken: "Maar dat is bij dit weer toch véél te gevaarlijk, dat hoeft u toch niet te doen!" Over mijn antwoord dat ik, als het weer veel slechter was geweest, met het oog op een afspraak met het staatshoofd waarschijnlijk de avond tevoren in een hotelletje in de buurt van het paleis had gelogeerd, was ze helemaal niet tevreden: "Dat is toch belachelijk? Overdreven!" Waarna ze zoveel tijd uittrok om deze 'kwestie' verder te bespreken dat ik maar alvast het thema 'rijden bij slecht weer' wilde afsluiten met de zin: "Enfin, majesteit, ik zal u maar niet langer tegenspreken." Een kolossale uitglijder! "Wát! U wilt mij niét tegenspreken?! Dat kan ik niet accepteren, dat is ... dat is een belédiging!" Was dit spel of gemeend? "Maar majesteit, u weet toch uit onze vorige gesprekken dat ik wel degelijk bereid ben met u van mening te verschillen, maar dit onderwerp verdient volgens mij geen langere gedachtewisseling." Even werd het stil in de kamer. "O ... dan ben ik nu weer gerust."

Juliana had zelden of nooit documenten, een notitieblok of aantekenboekjes voor zich liggen, maar ze was een intensief luisterende gesprekspartner en meer dan eens kwam ze tijdens een volgend gesprek terug op soms kleine details die aan bod waren gekomen tijdens een vorige ontmoeting. Een continuïteit in belangstelling die natuurlijk voor ons als kabinet stimulerend was want kennis van zaken had ze wel degelijk, zonder oog voor het kleine te verliezen. "U wilt duurzaam *bezit*, zoals eigen woningen en effecten, in brede kringen van de samenleving bevorderen" merkte ze bijvoorbeeld op in de periode toen ik bezitsvorming en PBO[2] in mijn portefeuille had als staatssecretaris bij Struycken. "Maar waarom gaat het dan niet over duurzame *goederen* zoals bijvoorbeeld wasmachines en ijskasten, die zijn toch ook heel nuttig?"

Nu ging het er in die tijd om duurzaam bezit te stimuleren dat in hoge mate kon bijdragen tot onafhankelijkheid en verantwoordelijkheid en er waren voor consumptiegoederen geen overheidsfaciliteiten nodig, maar dit soort inbreng en kritische vragen van de koningin gaven steeds aanleiding om dieper in te gaan op de essentie van het beleid, wat voor leden van een kabinet een zinvolle aanleiding kon zijn om alles weer eens helder op een rijtje te zetten.

In 1965, het kabinet-Marijnen was net gevallen, ging de koningin in op mijn advies om Cals een formatieopdracht te geven en vroeg me tijdens een gesprek op Huis ten Bosch direct contact met hem op te nemen. Het was zaterdagmiddag en ik vertelde haar dat hij net van huis was vertrokken voor een onderwijsconferentie in Rome. "Belt u Schiphol dan." Maar daar klonk: "De heer Cals is al aan boord van het Alitaliatoestel." Hoe ik dan nog met hem zou kunnen spreken? "Ja, dat is alleen nog mogelijk via de verkeerstoren." De koningin, zittend op een tafel in de buurt van de telefoon, had zich intussen een campari-soda ingeschonken en dirigeerde de 'Cals-achtervolging' met groeiende geestdrift. "Wilt u het dan nú via de verkeerstoren proberen?" Helaas, ik kon alleen nog maar herhalen wat de verkeerstoren me meldde: "Het vliegtuig van de heer Cals is zojuist opgestegen." "Laat u het dálen, mijnheer Schmelzer, laat u het dálen!" Aangezien dit een ruime overschatting was van de invloed op en de positie in de Nederlandse samenleving van een fractievoorzitter, maakte ik haar duidelijk dat ik niet bij machte was een Alitaliavliegtuig tot terugkeer te bewegen. Ik vroeg: "Mag ik er misschien bij vertellen dat dit op uw verzoek is?" "Nee, nee, nee, waaráchtig niet!" antwoordde de koningin met een diepe zucht. "Dan moeten we maar even geduld hebben." Ik moest het wél die avond blijven proberen en haar daarover inlichten. "Het geeft niet hoe laat dat wordt, ik heb een telefoon bij mijn bed," voegde ze er nog aan toe. Dat was goed om te weten want ik kreeg Cals pas 's avonds heel laat aan de lijn en vanuit het bad in zijn Romeins hotel zegde hij toe de volgende dag terug te komen. De tamelijk kortdurende formatie van het kabinet-Cals kon beginnen.

Het altijd aanwezige spanningsveld tussen spontane emoties en constitutionele verantwoordelijkheid komt soms eruptief aan de oppervlakte. Zoals in 1971, in het vliegtuig onderweg naar het eerste Nederlandse staatsbezoek aan Indonesië, behalve oud-kolonie een land waar een flink deel van de tegenstanders van het heersende Soeharto-regime zonder veel uitleg of zorgvuldige rechtsgang in de gevangenis terecht was gekomen.

Niet een situatie die koningin Juliana, met haar aangeboren rechtvaardigheidsgevoel en mededogen met mensen in moeilijkheden, onbesproken wilde laten en ze was er dan ook van overtuigd dat het lot van deze politieke gevangenen zo pregnant mogelijk onder de aandacht moest worden gebracht. Luid en duidelijk hoorden wij medepassagiers haar herhaaldelijk een beroep doen op prins Bernhard om president Soeharto hierover zo snel mogelijk aan te spreken.

"Ik pieker er niet over, dat is mijn taak niet", reageerde de prins, maar de strijdbaarheid en het uithoudingsvermogen van de koningin zo langzamerhand kennend, wisten we: dit kan niet de afsluiting zijn van deze discussie. En inderdaad, de nadruk waarmee ze vervolgens de in haar ogen onvermijdelijke inzet van de prins ten behoeve van deze gevangenen bepleitte, nam alleen maar toe, evenals de irritatie van de prins. Zowel heftigheid als geluidssterkte van de woordenwisseling die volgde, hadden kunnen wijzen in de richting van een dreigende echtbreuk, maar nee, tegelijkertijd bleek dat hier twee vrienden door dik en dun bezig waren, die genoten van een luide en meer dan duidelijk verwoorde confrontatie van ideeën. Gelukkig kreeg ik nog vóór de landing in Bangkok de kans om te vertellen dat ik van plan was zo snel mogelijk aan mijn collega Adam Malik te laten weten, dat een spoedige substantiële reductie van het aantal gevangenen van groot belang was voor de onderlinge betrekkingen tussen onze landen.

En dat gebeurde ook, waarbij natuurlijk in hoge mate meespeelde dat de behandeling van de gevangenen van betekenis was voor het draagvlak voor duur en omvang van onze ontwikkelingshulp, een overweging die ik bij een aandachtig gesprekspartner als Malik niet expliciet hoefde aan te duiden. Het leek zelfs alsof onze politieke druk hem welkom was met het oog op zijn niet spanningsvrije verhouding met de militaire top.

Nauwkeurig spraken Malik en ik af wie van ons welk facet van deze kwestie zou behandelen op de gezamenlijke persconferentie en zo werd de vlammende, geëngageerde emotie van de koningin geperst in een keurig constitutioneel kader van waaruit ze zich moest beperken tot een verwijzing naar het overleg inzake de gevangenen tussen de beide ministers.

In de loop van 1972 werd het kabinet-Biesheuvel bestookt met kritische vragen over de kans dat president Nixon tijdens zijn rondreis door Europa Nederland zou overslaan. Omdat het niet de eerste keer zou zijn dat dit gebeurde, begon men, ook in parlementaire kring, er op aan te dringen de Amerikaanse president expliciet uit te nodigen en een programma op hoog niveau in het vooruitzicht te stellen. Aan mij de taak om namens premier Biesheuvel aan koningin Juliana het vooruitzicht van een ontmoeting met Nixon te presenteren, wat geen vanzelfsprekendheid was want de morele bezwaren van ons staatshoofd tegen de tragiek van de zich voortslepende Vietnamoorlog waren groot. Volstrekt niet onbegrijpelijk, zeker niet sinds we op de hoogte waren van aanvallen op burgerdoelen, maar het kabinet achtte het desondanks voor Nederland in meerdere opzichten van belang niet nóg een keer te worden gepasseerd tijdens een Europese 'tournee' van een Amerikaans president. Aandachtig luisterde de koningin naar mijn uiteenzetting en deelde mij daarna mee dat ze bepaald níet bereid was deze president te ontvangen. Omdat een bezoek aan Nederland zónder ontvangst bij de koningin een voor de Amerikanen onaanvaardbare optie zou zijn, was ik genoodzaakt in een uitvoerige monoloog diverse aspecten van bilaterale betrekkingen en de Nederlandse situatie in internationaal verband uitgebreid te belichten en te benadrukken.

Het had even geduurd, maar alles overwegend, stemde de koningin tenslotte in een ontmoeting toe, zij het op één voorwaarde: "Staat u me dan tenminste toe één maal héél snel 'Nixon moordenaar!' te zeggen", vroeg ze op die typerende toon waarin ernst en ludieke creativiteit ineen waren gevlochten. Eventuele scherts of niet, ik kon me geen risico veroorloven en zei dat zoiets natuurlijk onmogelijk was. "Zo, maar dan wil ik het in ieder geval heel zachtjes één keertje hebben gefluisterd." Als dit een practical joke was, speelde ze die goed, geen enkele twinkeling in haar ogen verried of het een voortgezette grap was of een opwelling van rebelsheid. Maar ik, eenvoudigweg in dienst van het land, kon alleen maar ambtelijk antwoorden: "Ook dát is onmogelijk, helaas ..." "Maar waaróm dan? Waarschijnlijk hóórt hij het niet eens!" "Het risico is te groot, het kan door een microfoon worden geregistreerd." Haar gezicht betrok. "Vindt u het dan écht politiek onaanvaardbaar als ik het tóch zou doen?" Cruciaal moment, waarop niet mocht worden geaarzeld: "Ja, inderdaad, dat is dan politiek onaanvaardbaar." "Dan zal ik het niet doen."

De altijd bewogen Juliana. Al was de factor 'ernst' in haar oorspronkelijk geuite voornemen vermoedelijk laag geweest, ze had zich voor de zoveelste keer geschikt en een staatsrechtelijk correcte reactie gegeven.

Op de laatste dag van het staatsbezoek aan Frankrijk in 1972, bezocht prins Bernhard een industrieel project in het zuiden en sprak de koningin in de Raad van Europa in Straatsburg studenten toe met discussie na.

Het werd een pittig middagje waarop primair de

Europese integratie en de Frans-Nederlandse betrekkingen aan de orde waren. Een materie die de koningin volledig beheerste, daarbij natuurlijk in niet geringe mate geholpen door de omstandigheid dat ze al vanaf haar troonsbestijging het Europese integratieproces van heel dichtbij stap voor stap had kunnen volgen.

In ieder geval was het voor ambassadeur De Ranitz en mij een puur genoegen om te zien en te horen hoe ze ervan genoot om in staat te worden gesteld zich te weren tijdens deze vrije gedachtewisseling met studenten.

Omdat dit programmaonderdeel tevens de afsluiting van het staatsbezoek betekende, waren er afspraken gemaakt met de persfotografen om de gebruikelijke opnames te maken, dit keer van de koningin met onder meer voorzitter en secretaris-generaal van de Raadgevende Vergadering van de Raad van Europa, met de burgemeester van Straatsburg en met studenten.

In afwachting van die fotosessie zag ik tussen de fotografen door ambassadeur De Ranitz op me aflopen: "Nú heb ik de hulp van de minister nodig" en hij loodste me in sneltreinvaart met duwende hand door de hal een ruimte binnen waar de koningin stond te wachten op wat ging komen. In tranen.

Voor de zoveelste keer poseren voor persfotografen, ze kon het niet meer aan. Sterker, ze weigerde ook maar één stap in hun richting te zetten en wilde nog maar één ding: wachten tot deze fotosessie was afgelast. Dat kon toch?

Nee natuurlijk kon dat niet, de publiciteit over zo'n incident zou alleen maar een negatief effect hebben én op de beeldvorming over haar als persoon én op het hele staatsbezoek. En hoe zou de opgetrommelde pers hierop reageren? Zeker niet in een sfeer van begrip en acceptatie! Welke conclusies er ook zouden worden getrokken uit dit afzeggen van een afspraak met de pers, op geen enkele manier zouden ze positief uitvallen voor de koningin, het staatsbezoek of voor Nederland.

Ik kon dan ook niet anders doen dan er deze paar laatste minuten van de reis – zo vriendelijk mogelijk maar toch ... – bij haar op aan te dringen nog even mee te werken.

"Maar kunt u dan niet begrijpen dat ik langzamerhand zó genoeg krijg van de bemoeizucht van ál die persmensen, ál die fotografen?!"

Me in haar positie verplaatsend kon ik dat wel, maar hoe prozaïsch ook, mijn taak bestond op dat moment uit niets anders dan het afronden van dit staatsbezoek zonder conflict of negatieve publiciteit. En weer gebruikte ze exact dezelfde woorden: "Als ik weiger de pers te ontmoeten, zou u dat dan politiek onaanvaardbaar vinden?" Het spanningsveld tussen menselijke emotie en constitutionele verantwoordelijkheid was kamerbreed aanwezig. We wisten allebei wat ik moest gaan antwoorden. "Ja majesteit."

Ze knapte zich op en we liepen samen naar de deur die toegang gaf tot de hal vol fotografen die uitgesproken ongeduldig waren geworden. Niet alleen hadden ze langer dan gepland moeten wachten, de heer Van den Berge van de RVD had hen zojuist ook verzocht het samenzijn te bekorten 'in verband met andere verplichtingen van de koningin'.

Het korte snikje dat ik naast me hoorde toen ik op het punt stond de deur te openen, vertelde me meer dan een kamer vol woorden over de beklemming die Juliana steeds moet hebben gevoeld, als het er om ging haar constitutionele positie voorrang te geven aan wat haar karakter en hart haar ingaven. ❖

8
Land van de toekomst: Europa

Behalve voor mensen die zich er dagelijks mee bezighouden of die er een uitgesproken belangstelling voor hebben, zijn het functioneren en de draagwijdte van de Europese Unie eigenlijk nog steeds een wat wazige 'ver-van-mijn-bedshow' terwijl met name de voorstellen die de Europese Conventie heeft ontwikkeld voor de toekomst van de steeds groter wordende Europese Unie, onze eigen toekomst én die van onze kinderen en kleinkinderen raken! Als ik daarom enigermate serieus wil proberen aan te duiden wat wij en de generaties hierna aan onze Europese Unie hebben, voel ik me verplicht om in dit hoofdstuk tamelijk uitvoerig in te gaan op zowel oorsprong en ontwikkeling van Europa, als op het hoe en waarom ik me daarmee verbonden voel.

Mijn politieke leven aan de frontlinie hield op in 1973, maar 'buiten dienst' betekende niet 'op non-actief'; alleen de manier waarop ik me na het aftreden van het kabinet-Biesheuvel in samenwerking met geestverwanten en collega's uit andere politieke stromingen ben gaan inzetten voor het algemeen belang, voor christen-democratische inbreng en voor het Europese eenwordingsproces, werd een totaal andere. In 'Den Haag' blijven, vond ik geen optie. Hoewel KVP-fractieleider Frans Andriessen me in de periode na de verkiezingen van 1973 had gevraagd of ik beschikbaar zou zijn als minister-president of weer als minister op Buitenlandse Zaken, kwam er een kabinet onder leiding van Joop den Uyl, van wie niet kon worden verondersteld dat hij, overigens evenmin als ik, in dat verband ook maar één ogenblik aan mijn naam zou denken. Teruggaan naar de Tweede Kamer? Na er onder andere acht jaar als fractievoorzitter te hebben gewerkt, trok me dat werkelijk niet meer aan; en de paar maanden waarin ik, tijdens de periode voorafgaand aan het kabinet-Biesheuvel, in de Eerste Kamer was geweest, hadden me duidelijk gemaakt dat er voor het bezetten van een zetel in de Senaat een ander soort zitvlees is vereist dan het mijne. Toch zat het dienstbaar blijven aan mijn idealen me zo in het bloed, dat ik begon te zoeken naar een weg die me in staat zou stellen mijn werk aan Europa en binnen de Nederlandse en Europese christen-democratie te combineren met economische functies, waardoor ik op politiek terrein financieel onafhankelijk kon zijn. Daarom zei ik 'nee' tegen Lubbers die mij namens Den Uyl polste voor het burgemeesterschap van Den Haag, want hoe waardevol ik lokale en regionale bevoegdheden ook vond, mijn hart lag bij het grensoverschrijdende werk.

Een grote stap in de richting van het combineren van
onbetaalde politieke functies en een inkomen daarbuiten,
werd gezet door mijn jeugdvriend Guup Kraijenhoff,[1] die
me belde over een adviseurschap bij de Raad van Bestuur
van AKZO NV[2], een baan die me ruimte zou laten voor
met name Europese politieke taken. Die zagen er in grote
lijnen als volgt uit: vanaf 1974 kwam ik in de door mijn
opvolger Max van der Stoel ingestelde Commissie
Europese Unie, om onder andere te werken aan een con-
cept voor een Europese Monetaire Unie en was ik zestien
jaar lid van het hoofdbestuur van de Europese beweging.
Mijn voorzitterschap van de Nederlandse equipe in de
EUCD[3] ging samen met het vice-voorzitterschap van de
EUCD en de EVP en met het voorzitterschap van de
Commissie Internationale Politiek in die partijen. Van
1980 tot respectievelijk 1990 en 1991 kwamen daarbij de
voorzitterschappen van de Commissie Buitenland van
het CDA en het Europees Instituut Bestuurskunde in
Maastricht.
Dat ik tot 2001 voorzitter was van de Eduardo Frei
Stichting, had voor mij een zeer speciale betekenis omdat
ik Frei, de moedige president van Chili, meer dan eens
had ontmoet en het daarom een voorrecht vond 'onder
zijn vlag' te kunnen bijdragen aan training en vormings-
werk met name in nieuw op te zetten democratieën in
Midden- en Oost-Europa.
De uitnodiging om in 1985 toe te treden tot de

Adviesraad Vrede en Veiligheid die Buitenlandse Zaken en Defensie adviseert op het gebied van veiligheidsvraagstukken, was het begin van deelname aan een bruisende, motiverende club waarin ik kon genieten van de inbreng van mensen als Fred van Staden, Maarten Brands en Marnix Krop. Met de laatste is zo'n hechte vriendschapsband ontstaan dat het moeilijk is voor te stellen dat we elkaar relatief pas 'kort' kennen. De AVV is inmiddels overgegaan in een breder opgezette Adviesraad Internationale Vraagstukken, waarin ik tegenwoordig lid ben van de Commissie Europese Integratie die zich onder leiding van Frans Andriessen bezighoudt met zaken als de Europese Conventie en de uitbreiding van de Europese Unie.

Mijn economische functies gaven me, afgezien van inkomen, de kans meer concrete verbinding te leggen met maatschappelijke belangen en, met name door het streven de samenhang tussen kapitaalverschaffers, leiding en werknemers waar mogelijk te bevorderen.[4] Ze bestreken een breed veld van grotere en kleinere commissariaten en adviseurschappen, waaronder enkele bij familieondernemingen. Dit was een niet altijd onverdeeld genoegen omdat in familiefirma's de scheidingslijn tussen emotie en zakelijkheid vaak moeilijk is vast te houden en er een levensgrote kans bestaat dat na de gemotiveerde oprichters er vaak generaties komen zonder veel 'voeling' met het bedrijf, maar met des te meer gevoel voor inkomsten daaruit. Ook kan er wrijving komen tussen diverse familietakken die een nakomeling willen parachuteren dan wel weren. En daartussen moet een commissaris of adviseur in het belang van het bedrijf dan schipperen en bemiddelen in de bijna-zekerheid dat, welke beslissing hij ook neemt, deze hem niet in dank zal worden afgenomen! Een uitzonderingspositie op dit gebied wordt ingenomen door het familie bouwbedrijf Heymans waarmee ik – met onderbreking vanwege mijn ministerschap – in verschillende functies ongeveer zevenentwintig jaar was verbonden. Dit bedrijf werd opgericht door Jan Heymans, stratenmaker met visie in Den Bosch, die naast zakelijke inzet in een unieke sfeer van persoonlijke hartelijkheid tastbaar vorm gaf aan positief sociaal beleid in zijn bedrijf, waar arbeidsvoorwaarden, opleiding en loopbaanbegeleiding geen lege termen waren. Die door hem geïnitieerde sfeer hebben zijn nakomelingen in de groot geworden onderneming weten voort te zetten, met inachtneming van de scheiding tussen emotie en zakelijkheid in het bijzonder bij de bezetting van directiefuncties. Niet in de laatste plaats vanwege die mentaliteit heb ik het, vanwege de statutaire leeftijd onvermijdelijke, afscheid van deze hardwerkende humane club als weemoedig ervaren.

Van mij dierbare doelen wil ik er twee noemen: de Nederlandse Sportbond voor Geestelijk Gehandicapten en de stichting Helffer Kootkar. De eerste, met verve opgericht door oud-Residentie Orkestcontrabassist en judoka Loek van Hal, streeft een bereikbare beoefening van diverse sporten na voor verstandelijk gehandicapten. Ik spreek liever over 'verstandelijk' dan over 'geestelijk' gehandicapten omdat ik 'geest' een moeilijk te meten begrip vind, terwijl 'verstand'(IQ) dat enigermate wel is. De Helffer Kootkarstichting noem ik omdat die verbazingwekkend genoeg nooit de publiciteit krijgt die deze verdient. Genoemd naar de oprichters, een kinderloos echtpaar uit Amstelveen dat hun hele vermogen in de stichting liet onderbrengen, en voorgezeten door Lammert Leertouwer[5], richt het de aandacht op – en reikt geldprijzen uit aan – mensen die zich buiten het gebruikelijk in de prijzen vallende circuit inzetten voor zwakkeren in de meest brede zin van het woord zoals vluchtelingen, thuislozen, verslaafden en kansarmen; een breed scala, ook internationaal, van onder meer schrijvers in gevangenschap, geknecht zwart huispersoneel in het Zuid-Afrika onder de apartheid, Circus Elleboog. Daarnaast steunt de stichting particuliere initiatieven in ontwikkelingslanden.

De lijst overziende, is duidelijk dat mijn agenda na mijn 'actieve' Haagse leven ongeveer dezelfde, zo niet nog meer volgepropte aanblik bood als in mijn drukste fractievoorzittertijd. Alleen was er vanaf 1977 geen 'thuisfront' meer omdat mijn eerste vrouw tot de conclusie was gekomen dat de relatie die zij in die jaren onderhield met oud-CHU voorzitter Mellema, haar het levensgeluk bracht dat ze zocht. Een beslissing die voor mij een schok van betekenis was, maar toch niet onverwacht kwam. Behalve dat ik wist van de relatie, hadden de zevenentwintig jaren die achter ons lagen – en waarin zeker goede momenten waren voorgekomen – aangetoond dat de wezenlijke basis voor een leven samen ontbrak. Zelfs de aaneenschakeling van verdrietige gezinsgebeurtenissen had ons niet echt bij elkaar kunnen brengen. 'Tranenkinderen', het waren er drie. De eerste, zoon Michaël, stierf in zijn wieg. De tweede, dochter Caramieke, met wie ik een meer dan gewone band had en nog steeds voel, werd bij een ingewandstoornis ruimschoots onvoldoende alert behandeld door de kinderarts, waardoor ze te laat aan een infuus kwam en stierf aan uitdroging. Ze was nog geen vier. Nummer drie, zoon Joris, werd in 1954 geboren en leeft sinds zijn hersenontsteking als verstandelijk gehandicapte. 'Een opeenhoping van tegenslagen' zei een arts eens. Maar het waren tegenslagen die ons de getroffen ouders – ondanks de geboorte van zoon Norbert en dochter Pia (kinderen met wie ik blij was en ben) – geen duurzame band bezorgden. Integendeel, de verschillende manieren waarop we de mokerslagen verwerkten lagen te ver uiteen en wezenlijke verschillen in opvattingen en levensstijl kregen voorrang. Het was over.

Natuurlijk, mijn niet onbewolkte privé-leven heeft ertoe bijgedragen dat het aantal werkzaamheden zich opstapelde maar, om van een vlucht in werk te spreken, gaat te ver. Daarvoor was en is de aantrekkingskracht van het avontuur 'Europa' te groot. Ons deel van de wereld, zo vaak rampzalig onder de voet gelopen door agressief nationalisme, racisme, zelfoverschatting en territoriale machtshonger, die vrij spel kregen door het ontbreken van mentale en staatkundig georganiseerde solidariteit. Misschien doet wat ik op de komende bladzijden ga vertellen, zeker voor jongere generaties, aan als gedram of zweverigheid van een Europees idealist. Maar vanuit mijn eigen oorlogservaringen én met familie in de regio Lotharingen/Saarland, waar de Frans-Pruisische oorlog en twee wereldoorlogen behoorlijk hebben huisgehouden, zijn begrippen als evacuatie, verminking en uit elkaar gerukte gezinnen voor mij veel meer dan letters uit een geschiedenisboek.

Sinds 1945 is het in West-Europa niet meer gebeurd, maar alleen al om herhaling (in welke vorm ook) te voorkomen van dit soort nacht van de tijd, is het zaak een stevige, grote Europese Unie gestalte te geven. Terecht wordt dan ook in Europese Verdragen, zoals bijvoorbeeld in het vroegere Kolen en Staalverdrag, gesteld dat 'het leggen van grondslagen voor een grotere en hechtere gemeenschap tussen volkeren die lange tijd door bloedige strijd verdeeld zijn geweest, richting geeft aan een voortaan gezamenlijke bestemming'. En artikel I van het Conventie-ontwerpverdrag Europese Grondwet haakt

186

hierop in: 'De Unie stelt zich ten doel de vrede, haar waarden en het welzijn van haar volkeren te bevorderen.' De realiteit in de Europese Unie sinds de laatste wereldoorlog bevestigt de zin van die doelstelling. Hoewel, een absolute garantie is het niet, mensen blijven immers feilbaar en dus een prooi voor haat en liefdeloze machtshonger zonder rede? Maar door het concreet gestalte geven aan gemeenschappelijke grensoverschrijdende belangen en verantwoordelijkheden in een Europese Unie kan agressie wezenlijk worden gedempt en zullen gewapende conflicten tussen Unie-partners waarschijnlijk onmogelijk worden.

Ik ontkom er niet aan: de gedrevenheid en grondigheid waarmee de christen-democratische beweging waarvan ik deel uitmaak, vaak het voortouw heeft genomen als het om 'Europa' ging, verdient een prominente plaats in dit hoofdstuk.

Dé grondgedachte was en blijft: Europa ombouwen tot een gemeenschap die in vrede, meer welvaart en welzijn een constructieve invloed heeft op het wereldgebeuren, en wel met name op het gebied van mensenrechten, armoedebestrijding, ontwikkeling en milieubehoud. Een al te eenzijdige mondiale invloed van de Verenigde Staten kan Europa als waardengemeenschap zeker compenseren waarbij Europa als meer gelijkwaardige partner dan tot nu toe het geval is, jegens en met de

Verenigde Staten effectiever kan functioneren. Het verenigd Europa kreeg ondanks tegenslagen en tegenwerkingen vorm dankzij de bereidheid van alle betrokkenen om daar waar volledige nationale soevereiniteit niet meer effectief was, die niet geheel of gedeeltelijk overboord te gooien, maar partners te worden in een systeem van grensoverschrijdende, gemeenschappelijke verantwoordelijkheid.

Kort na de oorlog kwam een samenwerkingsverband tot stand van enkele christen-democratische partijen in Europa: 'Nouvelles Équipes Internationales', partijen die voorstanders waren van een hechtere Europese samenwerking en een beleid op grondslag van christen-democratische uitgangspunten. Aanvankelijk deed aan Nederlandse kant alleen de KVP mee, maar in 1953 besloten AR en CHU ook om mee te doen. Een extra impuls kwam van de samenwerking in de Gemeenschappelijke Vergadering van het EGKS-parlement, waar de drie partijen in één Europese christen-democratische fractie opereerden. Zo werd langzaam maar zeker de tijd rijp voor Europese christen-democratische partijvorming. In 1965 werd de NEI omgevormd tot de EUCD met als voorzitter de Italiaan Mariano Rumor en als secretaris generaal Leo Tindemans, die zich ook als minister en premier stevig zou blijven inzetten voor zowel Europese eenwording als Europese christen-democratie. Toen ik in 1976 één van de vice-voorzitters

188

werd van de EVP publiceerde hij een ontwerp voor een Europese Unie en in 1984 richtte hij een vitaliserende werkgroep op ('Geestelijke fundamenten van christen-democratische politiek') waarin Nederland werd vertegenwoordigd door Wil Albeda, Piet Bukman[6], Henne Hahn en Arie Oostlander.

Al eerder gaf ik in dit boek aan hoe belangrijk het werk is geweest van de moedige pioniers met visie, Adenauer, De Gasperi en Schuman. Door deze drie geïnspireerd ging het stap voor stap verder op het gebied van Europese christen-democratische partijvorming, onder meer via het in 1972 door de EUCD uitgebrachte: 'La pensée et l'action'. Zo kreeg in 1974 de christen-democratische partijvorming een extra impuls door het besluit van Europese staatshoofden en regeringen om leden van het Europese Parlement direct te kiezen. Zoals voor alle partijen, was het nu ook zaak voor de christen-democraten de kiezers in een bondig geformuleerd manifest duidelijk te maken wat onze Europese motivatie eigenlijk inhield. En wie zou veronderstellen dat deze ijverige Euro-idealisten die klus in 1974 wel snel zouden klaren, vergist zich. Pas op 21 februari 1976 lag er een tekst op tafel waarin alle betrokkenen zich konden vinden. Nee, een makkelijk smeerbare eenheidworst was en is Europa allerminst; hoewel ik als 'verzachtende' factoren moet aangeven dat de westerse samenleving in die tijd volop in beweging was en er in de eerste plaats evenwicht moest worden gevonden tussen vernieuwing en oude structuren om oude én jonge kiezers niet af te schrikken. Daarnaast zochten we – een ideologisch isolement was al helemaal geen aantrekkelijke optie – naar wegen om onze visie op Europa ook over te brengen aan mensen die zich niét konden vinden in de evangelische waarden waaruit wij onze inspiratie putten. (Bij de CDU, CSU en ÖVP ging de electorale ijver zelfs zover dat men onder expliciete grondslagvermelding uit wilde.)

Wij Nederlanders schaakten intussen simultaan, we waren immers in eigen land bezig aan de aanloop naar de fusie van ARP, CHU en KVP tot wat CDA zou gaan heten. Het construeren van voor de meerderheid aanvaardbare formuleringen werd internationaal en nationaal dagelijks werk. Op Europees niveau luidde de tekst over de grondslag uiteindelijk: 'Wij Europese christendemocraten willen de samenleving, de staat en de gemeenschap van volkeren gestalte geven en vernieuwen vanuit onze christelijk gefundeerde visie op de waardigheid van de mens.' In Nederland stond in Hoofdstuk I van het Program van Uitgangspunten van het te vormen CDA: 'Het CDA richt zich naar dat[7] getuigenis met de intentie steeds te zoeken naar de betekenis van het Evangelie voor het politieke handelen [...] De politieke overtuiging die, als antwoord op de oproep van de Bijbel, voor de politiek gestalte krijgt, is het samenbindende element waarop eenieder in het CDA aanspreekbaar is.' Ik kan me voorstellen dat deze woorden voor nogal wat mensen zwaarwichtig en omslachtig zijn; tóch was deze tekst wezenlijk voor het bereiken van de omvorming van drie partijen tot één geheel want het Evangelie staat genoemd als inspiratiebron, zónder de heel eigen politieke verantwoordelijkheid van een niet-kerkelijke partij als het CDA aan te tasten. AR-politicus Jan de Koning betoogde tijdens de zoveelste felle discussie dan ook terecht dat 'christelijke politiek niet bedoelt te zijn een pretentie, maar een intentie.'

Nog even terug naar het Europees Manifest van de EUCD, waarmee ik me als voorzitter van de Nederlandse equipe intensief heb beziggehouden. Intensief, omdat we in het voornemen het Evangelie als expliciete inspiratiebron te vermelden, behalve door Belgische, Italiaanse en Ierse christen-democraten, bitter weinig werden gesteund. In het kielzog van de Duitse zusterpartijen (nog steeds bevreesd te worden aangezien voor 'kerkelijke' partij en daarmee niet meer interessant voor conservatieve partijen!), voelde een meerderheid er niets voor. Uiteindelijk konden wij leven met de meer vage manier waarop de Duitsers onder leiding van Von Hassel en Lücker de bron van ons politiek handelen formuleerden, omdat het compacte Manifest (elf bladzijden, nauwelijks vierduizend woorden) qua inhoud overeenkwam met onze visie én omdat ondertekening weigeren ons zou hebben geïsoleerd van reële invloed in Europa.

Intussen werd er niet minder intensief gediscussieerd over de naam van de partij waarin christen-democraten in het Europese parlement zouden optreden. En weer stuitten Belgen, Italianen en Nederlanders op het 'nee' van Duitsers en het Franse Centre des Démocrates Sociaux van Lecanuet, die pertinent geen christelijke 'c' in de naam wilden zien. 'Europese Volkspartij' had hun duidelijke voorkeur en op voorstel van de toenmalige Belgische minister-president Wilfried Martens, kwam daar tijdens de presentatie in 1978 achteraan: Federatie van Christen-Democratische Partijen in de Europese Gemeenschap.

Het 27 pagina's tellend Politiek Program omvat vijf hoofdstukken die een ambitieus, rijk geschakeerd en breed programma omvatten, maar het zou te ver voeren om hier in te gaan op de inhoud. Een opvallende tekst, zeker nu we zesentwintig jaar later zijn, wil ik uit het laatste hoofdstuk citeren: 'Wij houden aan de uiteindelijke politieke doelstelling van de Europese eenwording vast, namelijk de omzetting van de Europese Unie in een Europese federatie, dat wil zeggen: in een Europese bondsstaat met een specifiek karakter waarvan Robert Schuman in zijn verklaring van 9 mei 1950 sprak.'

De eerste directe Europese verkiezingen werden gehouden op 10 juni 1979, waarbij de EVP 29,6% en het CDA (dat een jaar later zou worden opgericht) 35,6% van de Nederlandse stemmen kreeg.

Naarmate de Europese familie zich uitbreidde, werden de uitdagingen meer divers en leidden – zoals dat in families kan gaan – vaak tot onverwachte gebeurtenissen. Zo bood de val van de Berlijnse muur op 9 november 1989, aan landen in Oost- en Midden-Europa, die zich van dictatuur tot democratie wilden ontwikkelen, de kans zich aan te sluiten bij de Unie, en zorgde tegelijkertijd voor wind in de zeilen van de EDU, de 'Europese Democratische Unie, die in 1978 in Salzburg met name was opgericht om een antisocialistisch blok te vormen. Leden waren: de CDU, CSU, de Oostenrijkse ÖVP, de Britse Conservatieven, de Zweedse Moderata Samling, de Noorse Høgre, de Deense Konservative Folksparti, de Finse Kansalinen Kokosmus, het Portugese CDS en de Franse RPR.

De nieuwkomers uit Midden- en Oost-Europa, met het stof van communistische uitzichtloosheid nog aan hun schoenen, voelden zich veel meer verbonden met deze EDU dan met de ideologische uitgangspunten van onze EVP. Vanuit hun optiek niet helemaal onbegrijpelijk, maar voor ons als Nederlanders aanvechtbaar. Vanuit onze gehechtheid aan een duidelijke profilering van christen-democratische grondslag zónder 'conservatief' sausje, verzetten we ons daarom fel tegen de EDU én tegen de dubbellidmaatschappen van partijen als CDU, CSU en nieuwkomers. Onze Waalse collega Charles Ferdinand Nothomb omschreef die als 'politieke bigamie' maar kon, evenmin als de Luxemburgse, Ierse en

Italiaanse christen-democraten, verhinderen dat er nogal wat dubbellidmaatschappen (te beginnen als 'geassocieerd lid') binnenkwamen.

Leek het misschien van buiten op oever- en eindeloos heen en weer gepraat, intern was er sprake van een dynamisch krachtenveld waarin open werd overlegd. Een en ander resulteerde in het in Athene gepresenteerde EVP-basisprogram van 1992: 'Trouw aan het Europese engagement van de christen-democraten van het eerste uur, wil de Europese Volkspartij een geleidelijke – maar vastberaden – uitbouw bevorderen van de Europese gemeenschap tot een federale politieke Unie volgens de basisprincipes vastgesteld in de congressen van Luxemburg 1988 en Dublin 1990.'

Zowel de Commissie Buitenland als het Wetenschappelijk Instituut van het CDA konden actief deelnemen aan het herbezinningsproces in een Europa dat zonder ideologische, politieke en militaire confrontaties tussen Oost en West, maar met flinke groei op technologisch gebied en toestromende lidstaten, om steeds weer nieuwe houdingen vroeg. Daarbij kan de inzet en kwaliteit van Nederlanders als Jos van Gennip, René van der Linden en Jean Penders niet worden onderschat. Uiteindelijk is de EDU overbodig gebleken omdat behalve de Britse Conservatieven alle partijen zich als waarnemer of geassocieerd lid bij de EVP aansloten. Dat de Britse Conservatieven lid werden van de parlementaire EVP-fractie (niet van de EVP zelf), betekende een moeizame spagaat die hun verdeeldheid (eurofielen versus eurosceptici) pijnlijk weerspiegelde en dat nog doet. Naar mijn overtuiging horen de Britse conservatieven dan ook niet in de EVP-fractie thuis.

Die fractie opereert nu onder de naam: Europese Volkspartij - Europese Democraten. De externe en interne ontwikkelingen die ik heb omschreven, vroegen om herbezinning op – en ten dele herformulering van – het bestaande EVP-program. Hetgeen gebeurde onder de naam: 'A Union of Values'[8], waarin kernwaarden staan die de EVP-partijen samenbindt.[9] Het zal duidelijk zijn dat wij Nederlandse christen-democraten een duidelijke voorkeur hebben gehad voor vasthouden aan evangelische uitgangspunten. Toch vind ik dat die goed tot hun recht komen en dat onderling overleg en samenwerking met 'andersdenkende' groeperingen een positief effect kan hebben op de Europese politiek zolang 'A Union of Values' constructief wordt nageleefd en toegepast, en zolang partijen en fracties zich bereid tonen erop te worden aangesproken. Dat het 'Nederlands model' uiteindelijk niet letterlijk is overgenomen, wil niet zeggen dat de manier kan worden onderschat waarop wij, naast anderen, staan achter de betekenis van de fundamentele, respectievelijk Europese conceptie van dit gezamenlijk program. Bovendien vind ik het, ondanks mijn reserve ten opzichte van conservatieve partijen, misleidend als gemakshalve wordt gesteld[10] dat sommige lidpartijen het stempel 'conservatief' verdienen zónder dat dit begrip grondig wordt geanalyseerd. Wat bijvoorbeeld zowel de communautaire opbouw van Europa, als de medezeggenschap van de factor arbeid in het sociaal-economisch beleid betreft, kan een partij als de CDU allesbehalve 'conservatief' worden genoemd.

'A Union of Values', het blijft een mooie titel, die verplicht. Het is nog steeds een tekst die aantoont dat het plaatsen van de EVP in een uitsluitend conservatief daglicht getuigt van gebrek aan visie; daarvoor is de inzet voor een gezond communautair Europa, solidariteit in het sociaal-economisch en ecologisch beleid én in educatief-cultureel opzicht te dynamisch en constructief.

Als het gaat om de Europese Unie, en vooral de ontwikkeling daarvan, voel ik onverminderd een bijzondere betrokkenheid, en niet uitsluitend vanwege mijn lidmaatschap van de adviserende regeringscommissie Europese Integratie! Door het meedenken en adviseren over de inbreng van onze regering in de Europese Conventie die heeft geleid tot een ontwerpvaststelling van een grondwet voor Europa, sta ik, zij het nu op een afstand, als actief getuige toe te kijken bij de bouw van iets waarvoor ik al ruim zestig jaar mijn steentjes van enthousiasme probeer aan te dragen!

Een verenigd, democratisch Europa, waartoe onder Conventievoorzitterschap van Valéry Giscard d'Estaing een niet geringe stap werd gezet. Een stap die, zowel

tegen de achtergrond van de tot dan toe in de Unie opgedane ervaringen – en niet minder talrijke tekorten! – alsook rekening houdend met aanstaande uitbreidingen,
ervoor moest zorgen dat democratische legitimiteit,
transparantie en doeltreffendheid van de Europese Unie
zouden worden vergroot.

Aan de voorgestelde indeling van het ontwerpverdrag
van een Europese grondwet is te zien, dat de manier
waarop de Conventie heeft geopereerd, kruisbestuivend
heeft gewerkt. Daarvan getuigen de niet geringe draagwijdte en systematiek, ondergebracht in drie forse delen
waarin aan de orde komen:

I. Waarden en doelstellingen van de Unie, betrekkingen
tussen de Unie en de lidstaten, grondrechten en burger-
schap, bevoegdheden en bevoegdheidsgebieden, instellingen en adviesorganen, rechtshandelingen, kernpunten
van democratisch bestel, financiën, verkrijgen van lidmaatschap, respectievelijk schorsing daarvan en vrijwillig
uittreden.

II. Handvest van Uniegrondrechten en -vrijheden, die
verder worden uitgewerkt in deel III (Beleid en werking van de Unie), waarin zaken als vrij verkeer van
personen, diensten en kapitaal en vestigingsvrijheid
aan de orde komen. In dit deel ook volop aandacht
voor aanvullende maatregelen ten opzichte van werknemers, hun veiligheid en gezondheid en voor land-
bouw/visserij/milieu, waarbij technologische ontwikke-

ling, justitie en onderwijs geen ondergeschikte plaats krijgen. Van groot belang is het over de grenzen kijken, het externe optreden van de Unie, een weerbarstige materie die, op het moment waarop ik dit schrijf, nog voluit voor verdere ontwikkeling vatbaar is! Partnerschappen, internationaal, mondiaal en regionaal zijn zowel noodzakelijk als veelomvattend, begrippen als humanitaire hulp, veiligheid, handelspolitiek, armoedebestrijding grijpen ineen maar staan ook op zichzelf.

Uiteraard komen in deel III ook aan de orde: beleid en werking van de Unie, institutionele bepalingen, die de modaliteiten van het functioneren van elke Unie-instelling regelen: het Europees Parlement, de Europese Raad, de Raad van Ministers, de Europese Commissie, het Hof van Justitie, de Rekenkamer.

Eigenlijk zou deze opsomming nog wel even kunnen worden voortgezet; de nauwkeurigheid van streven om élk facet van álles wat nodig is om de Unie op te bouwen, een plaats te geven is indrukwekkend en bemoedigend.

Zowel de AIV als onze commissie Europese Integratie hebben terecht positief gereageerd op het resultaat van de Conventie, niet in de laatste plaats omdat door die voorstellen de kans dat de Unie dichter bij de burger komt, zeker groter is geworden. Bovendien versterkt een reeks voorstellen de bestuurlijke slagvaardigheid: één Constitutioneel verdrag in plaats van een verzameling verdragsteksten, één Hof met uitgebreide rechtsmacht en de mogelijkheid om op aanmerkelijk meer terreinen met meerderheid van stemmen tot besluiten te komen.

Maar de deur naar een nieuw Europa gaat nog stroef open: het wordt bijvoorbeeld moeilijker nieuwe beleidsterreinen toe te voegen aan het werkgebied van een Unie, en de voorgestelde 'double hatter' (persoon die naast minister van Buitenlandse Zaken vice-voorzitter is van de Europese Commissie) zou makkelijk kunnen worden geconfronteerd met een verantwoordelijkheidsconflict. En waarom wordt aan de Europese Commissie niet langer automatisch de uitvoeringsbevoegdheid van besluiten door de Raad toebedeeld?

Toch zou ik het, in lijn met de visie van AIV en Nederlandse regering, in het licht van het algehele positieve plaatje niet verstandig vinden als individuele landen met wijzigingsvoorstellen komen bij een IGC omdat het risico niet ondenkbaar is dat dan ook positieve voorstellen van de Conventie sneuvelen en dat een intergouvernementeel virus de communautaire gezondheid van het complex aantast.

Intussen is al komen vast te staan dat die wijzigingsvoorstellen er wel degelijk komen; zaak om ervoor te zorgen dat de kern van de positieve voorstellen zowel wordt gered als aangevuld. De scharnieren van de opengaande deur naar het nieuwe Europa moeten vastberaden worden geolied. Op het moment dat dit manuscript wordt ingeleverd is nog onbekend wat de IGC zal besluiten

over de resultaten van de Conventie. En wat zal de uitkomst zijn van de referenda in een aantal betrokken landen over het IGC-resultaat? Strubbelingen rond het
Groei- en Stabiliteitspact kunnen stemgedrag denatureren,
er kan een sfeer ontstaan waarin men stemt voor of tegen
een eigen kabinet of voor of tegen de Europese Unie, in
plaats van over de inhoud van de Conventie. Wat een stap
terug zou dat zijn! Alles bij het oude laten en weer veel
inventiviteit vragen om alsnog een weg te vinden om de
doelstellingen van de Conventie dichterbij te brengen! Zou
dan het Europa van meerdere snelheden weer aan de orde
komen?!

Maar hoe dat ook zij, het feit dat er in een Europese Unie
concreet gestalte wordt gegeven aan gemeenschappelijke,
grensoverschrijdende belangen en verantwoordelijkheden, kan niet anders dan leiden tot wezenlijke verminde-
ring van potentiële agressie, tot een situatie waarin gewapende conflicten tussen Uniepartners steeds meer tot het
verleden zullen behoren.

Van het grootste belang is hierbij de rol die opvoeding en
onderwijs spelen opdat onze kinderen en kleinkinderen
juist voor dit aspect blijvend aandacht houden in hun
Europa met de gemeenschappelijke markt, het vrij ver-
voer van goederen, diensten, kapitaal en personen. Een
gemeenschappelijk beleid ten opzichte van die markt kan
– macro-economische studies bevestigen het – wel degelijk leiden tot meer economische groei, meer werkgele-

genheid, inkomensstijgingen van alle groepen en concurrentiekracht, dan met economische activiteit die wordt
geremd door nationale grenzen.

Ik heb bewust het begrip 'gemeenschappelijk beleid' toe-
gevoegd aan de componenten van economische vrijheid
omdat óók 'vrijheid' in goede banen moet worden
gehouden, net als: eerlijke concurrentie, consumentenbe-
scherming en ecologische duurzaamheid, het beheer van
grond, water en lucht, de schepping.

Het lijkt louter theorie, woorden op papier, en in de
praktijk zijn conjuncturele tegenslagen moeilijk te vermijden, muren vallen nu eenmaal niet in één week.

Maar vallen doen ze, elke burger van de Unie heeft nu het
recht te wonen en werken in een Unieland ter keuze,
mede dankzij het streven naar onderlinge erkenning van
diploma's en studievakken. Allemaal rechten en mogelijkheden die iedereen als het ware tastbaar kan ervaren.

In een wereld vol onrecht en conflicten blijf ik het,
ondanks alle tegenslagen en crises, ervaren als een voorrecht om deel uit te maken van, en te kunnen bijdragen
aan deze democratische gemeenschap waarin niet alleen
fundamentele mensenrechten worden erkend, maar die er
ook naar streeft in solidariteit over de grenzen heen te
kijken. Deze gemeenschap kan de wereldrechtsorde versterken op zoveel gebieden: milieu, ontwikkelingssamenwerking, handelspolitiek, justitiële samenwerking, daar-

bij vergeleken is de economische reus nog niet heel veel meer dan een politieke dwerg, al lijkt er zo nu en dan wel enig schot in te komen.

En zo gaat het verder, met vallen en opstaan, ach ja.

Het buitenlands en militair veiligheidsbeleid is bijvoorbeeld nog bepaald lacuneus. Akkoord, de Europese Unie is verre van perfect, maar welke vorm van samenleving is dat wél? En waar elders ter wereld zijn mensen er na nauwelijks meer dan een halve eeuw in geslaagd een gruwelijke ervaring als 'oorlog voeren' terug te brengen tot hoofdstukken in geschiedenisboeken?

Alleen al dit gegeven zou ons in plaats van met scepsis toch moeten voeden met bemoediging en inspiratie om te blijven geloven in – en in welke vorm dan ook – werken aan dit, ons, uniek avontuur: Europa.❖

9
Dromen zonder berusting

Onrecht, lijden en conflicten, wereldwijd. Is politieke inzet om het wereldgebeuren positief te beïnvloeden, eigenlijk niet een overwegend uitzichtloze bezigheid van tamelijk naïeve idealisten die als een Sisyphus rotsblokken de heuvel op dragen om die vervolgens naar beneden te zien rollen? Mijn antwoord luidt 'nee', want daarvoor heb ik toch te lang samengewerkt met mensen uit te diverse politieke bewegingen en hoeken van onze samenleving die voluit bereid waren en zijn om – hoe de buitenwereld ook tegen hen aankijkt – met hart en ziel doelen te dienen die boven persoonlijke belangen uitstijgen. Onverbeterlijken, ik ben er één van. Waar komt de drang toch vandaan die iemand doet kiezen voor 'de politiek', voor het ondernemen van pogingen om ideeën en idealen op staatkundig terrein te verwezenlijken en daarin 'for better and for worse' mee door te gaan? Waarom maak je uit alle mogelijkheden uitgerekend een beroepskeuze die kan leiden tot allerlei schakeringen van onzekerheid, mislukking en verguizing? Niet

eenvoudig uit te leggen, er zijn zoveel verschillende –
nauwelijks meetbare of weegbare – factoren die ons denken en handelen bepalen.

Stél dat er een wetenschappelijk beproefde detector zou
bestaan voor het in kaart brengen van al die factoren, dan
zouden minder verheven componenten als plezier beleven aan het spelelement, aan rivaliteit in het politieke
krachtenveld, of een kick krijgen van spanning, naast
ambitie en ijdelheid, zeker in het oog lopen. Dat zijn ook
meestal de eerste etiketten die door buitenstaanders op
politici worden geplakt.

Alleen: voor een langjarige politieke loopbaan bieden die
eigenschappen veel te weinig houvast en drijfkracht om
beheersend en beslissend te kunnen zijn. 'De politiek '
ingaan zonder een rotsvast ideaal en zonder de daaraan
gekoppelde wil om de publieke zaak, zeker ook bij slecht
weer en tegenslag, te blijven dienen vanuit bovenper-
soonlijke drijfveren, kan ik alleen maar afraden.

Fundamentele motivatie, in welke democratische politieke partij dan ook, is naar mijn mening onmisbaar. Om in
dit laatste hoofdstuk te verwoorden waaruit die fundamentele basis voor mij persoonlijk bestond en bestaat, is
een riskante onderneming. Het zou de verdenking kunnen oproepen dat hier een fraai brouwsel 'pour besoin de
la cause' is samengesteld, of de indruk kunnen wekken
van een zelftevreden, elitaire plaatsbepaling. Ook kan wie
dit leest, denken aan wat de Vlaamse auteur Marnix

Gijsen toevoegde aan de titel van zijn autobiografische schets: 'dus vanzelfsprekend gevleid'.

Maar die risico's accepteer ik; wanneer mijn openhartigheid niet zou worden vertrouwd, wordt het lezen van dit boek een kwestie van stilstaand en langzaam rijdend verkeer, en daarvan was wat mij betreft in de vele jaren van zelfonderzoek geen sprake.

Ik vind het zinvol mijn kijk op het hoe en waarom van de schepping op te schrijven, omdat pas dan duidelijk kan worden hoe ik de plaats van de mens, en dus ook van de politicus, markeer.

De man die mij de meest fascinerende visie op de toekomst aanreikte, is Pierre Teilhard de Chardin. Levend van 1881 tot 1955, deed hij als geoloog en paleontoloog wereldwijd onderzoek naar oorsprong en bestemming van materie, leven en mens. Zijn standaardwerk, *Le phénomène humain*, werd door de censuur van het Vaticaan afgewezen, ondanks het feit dat Teilhard, priester in de orde van de jezuïeten, God omschreef als de eerste oorzaak en universele werkzaamheidsfactor van het kosmische ontwikkelingsproces. Teilhards werk spreekt mij zo sterk aan dat ik het, al ontbreekt mij voldoende expertise om het in volle omvang te beoordelen, toch wil samenvatten.

De basis van zijn evolutieleer bestaat uit de overtuiging dat geest en materie twee aspecten zijn van dezelfde kosmische stof. De 'binnenkant', het bewustzijn, is een dimensie die – in uiteenlopende mate van intensiteit – aan heel de kosmische stof eigen is. Alles in deze wereld ligt als het ware embryonaal in de basisstoffen (waaruit zich steeds hogere vormen van leven ontwikkelen) besloten, ook de mens.

De hoofdas waarop de ontwikkeling van leven verloopt, leidt tot verfijning van zenuwstelsel, vervolmaking van hersenen en ten slotte[1] tot het ontstaan van de mens, die Teilhard behalve als laatste fase van de ontwikkeling, ook ziet als innerlijke reden van het 'waarom' van die ontwikkeling.

Als 'doel', duidt hij het punt Omega, kosmisch brandpunt waarin alle krachten van de mensheid samenstromen. Ervan overtuigd dat alle menselijke geesten die steeds nauwer met elkaar in verbinding treden, collectief een enorme druk uitoefenen op wat hij noemt de 'noösfeer' (geestelijke wereld), stuwt deze druk ons allemaal naar een grotere kennis, een dieper onderzoek, een sterker samengaan, een meer omvattende liefde. Daarbij maakt Teilhard de schatting dat, na alle geestelijke, politieke, militaire en sociale conflicten, de mensheid nog ongeveer een à twee miljoen jaar nodig zal hebben voordat de pool Omega is bereikt.

Waarom geef ik nu dit Teilhard de Chardin-exposé? Omdat ik leef en werk vanuit de overtuiging, dat het Licht, de Schepper, de Adem, en alle andere omschrijvingen zoals die worden gebruikt voor wie of voor wat ik 'God' noem, de bron is van alles, dus ook van onze pla-

neet. Voor mij is de schepping in compositie en functioneren té geniaal, té perfect om uitsluitend als aaneenschakeling van toevallige chemische en fysische reacties
te worden neergezet; een ontoegankelijk fenomeen ook,
waarvan samenhang van lagen, onderdelen en geledingen
op en boven onze planeet onophoudelijk voor momenten van verrassing en verbluft zijn kunnen zorgen. Als er
een oerknal en een evolutieproces naar steeds hoog-
waardiger niveaus zijn geweest, hoeft het toch helemaal
niet te worden uitgesloten dat dit werd geïnitieerd door
een Eeuwige? Want zo vanzelfsprekend is het niet, die
perfecte samenhang tussen de zo diverse, allemaal van
levensbelang zijnde verschijnselen!
Ik doel hier op een samenhang van geledingen die reiken
van het zich niet voortplantende: aarde, gesteente, water
en lucht, tot en met een ver boven de mensheid uitstij-
gende wereld van onstoffelijke spiritualiteit. Na de
'basis' van aarde, gesteente, water en lucht (die zeker niet
'dood' zijn maar geheimzinnige, inzetbare en dienstbare
krachten vertegenwoordigen op het gebied van groei en
straling) komen de zich wél voortplantende gewassen,
die schijnbaar niet in staat zijn tot communicatie; maar
hoe komt het toch dat planten zich meestal slecht ontwikkelen in een omgeving waar disharmonie heerst?
De volgende geleding, het dierenrijk, strekt zich uit van
minuscule stemloze wezens, virussen en bacteriën, tot
luidruchtige oerkrachten. Hoe veel, hoe weinig weten we

van hun communicatievermogen, de diepte van hun instinct en – wie weet – mate van moreel besef?

En dan wij. Analytisch, bestuursvaardig, communicatief, creatief, in staat en (hopelijk steeds meer) bereid de schepping te beheren. Wat een unieke positie in het wereldbestel, wat een kansen om verantwoordelijkheid te dragen voor denken en handelen van onszelf en naar medemensen toe!

Zijn deze gedachten van mij over het wereldbestel puur origineel? Natuurlijk niet, maar ik ben er van doordrongen en erdoor overtuigd geraakt terwijl ik las en leerde over de boodschappers bij uitstek: voor mij in de allereerste plaats Jezus, de Zoon in eenheid met de Heilige Geest. Voor anderen nemen boodschappers als Boeddha of Mohammed een grotere of unieke plaats in. Alles is mogelijk, de 'adem van God, JHWH, Allah' is beschikbaar voor iedereen als onuitputtelijke hulpbron van genadegaven, (de liefde voorop), voelbaar voor wie zich ervoor wil openstellen.

Leest dit als een zweverige, illusoire gedachtegang in een wereld vol ellende? In ieder geval loopt het synchroon met mijn overtuiging dat het doel van de schepping niet in strijd kán zijn met het wezen van de grenzeloos Goede. Een overtuiging waaraan ik óók vasthoud bij het horen van de vraag: Wat is dat voor een God die zoveel ellende toelaat? want waarom gaat het eigenlijk keer op keer zo erg mis in de wereld? Volgens mij omdat wij ons niet als willoos bungelende marionetten laten leiden door iets of iemand die aan de touwtjes trekt, maar leven met een vrije wil die zich behalve door het goede van de Geest ook kunnen laten leiden door het kwaad, door 'Lucifer', in de vorm van haat, jaloezie, minachting, hebzucht, overmatige ambitie, materialisme, agressief nationalisme, machts- en gebiedsbegeerte.

Alles wat de Schepper doet is ons via boodschappers onderwijzen, maar ons wezenlijk vrijlaten, kan een vader anders? Mooi gekozen, de term 'God de Vader'. Een vader die keer op keer, tot in de eeuwigheid borg wil blijven staan voor het geluk van zijn kinderen.

Noem het te blind vertrouwen, noem het naïeve dromerij, maar dit alles past in mijn conceptie van God, schepping en mens, en uit deze overtuiging stamt mijn wil om zonder opgeven te proberen staatkundig inhoud te helpen geven aan de optimalisering van ontwikkeling en ontplooiingskansen. Want wat is de opgave van staatkunde, van politiek, anders dan voorwaarden te helpen scheppen, hier en ver over onze grenzen heen?

Het zal duidelijk zijn dat ik bij het vervullen van die opgave niet anders kon en kan doen dan uitgaan van basisbegrippen, van uitgangspunten die ik – als niet-geautoriseerde exegeet! – voor mezelf en voor de politieke beweging waarvan ik deel uitmaak zou willen omschrijven als respect, solidariteit, gerechtigheid en vrijheid.

Het klinkt als het intrappen van een open deur, als iets

vanzelfsprekends, maar het blijkt een hele klus te zijn die nog lang niet af is zolang er niet in iedere hoek van deze aarde respect is voor het ons toevertrouwde leven, dat van onszelf, van onze medemensen, en van de schepping als geheel. En hoeveel (weinig) mensen zetten zich daadwerkelijk in om vanuit een gevoel van solidariteit, gelijkwaardigheid van álle mensen als schepselen van God te erkennen?

Recht als heersende en bindende factor boven macht en boven eigenbelang kan mensen in staat stellen het begrip 'vrijheid' te omschrijven vanuit medeverantwoordelijkheid, in functionele spreiding gekoppeld aan taakvervulling. Lokaal, regionaal, nationaal, internationaal, Europees en mondiaal.

Ik kan het niet vaak genoeg herhalen: bij dit dienstbaar zijn aan het algemeen belang en aan de ontwikkeling van de schepping, wijs ik elke superioriteits- of monopolistische houding van het christen-democratische gedachtegoed, dat zoveel kompanen en mij persoonlijk inspireert, volstrekt af.

Dit sluit aan bij wat ik al in de eerste alinea van dit hoofdstuk over de mensen vertelde, die vanuit diverse, soms ver van christen-democratie verwijderde hoeken en bewegingen van onze samenleving, doelen dienen die ver uitstijgen boven persoonlijke belangen, en zo risico's en onzekerheden volop aanvaarden.

De voorwaardenscheppende taak van staatkunde.

210

Impliciet of expliciet noem ik die door het hele boek, want hoe wenselijk ook: van rechtstreeks menselijk geluk brengen is in de politiek niet of nauwelijks sprake, een enkele gelukte bevrijding uit mensonterende dictaturen daargelaten. Nee, voor het scheppen van direct menselijk geluk moeten we zijn bij anderen.

Een minnaar, een componist, een dichter, een geestelijke die een verkwikkend vergezicht oproept, een wetenschapper met een reddende uitvinding, toegewijde artsen, onvermoeibare verpleegkundigen, troostende sociaalwerkers en zoveel anderen die zijn te vinden in sectoren waarin het mogelijk is direct, tastbaar resultaat te boeken.

Geluk. Miljarden wereldbewoners omschrijven het op even zoveel manieren. Dit is de mijne: ik zie 'geluk' als een weldadige persoonlijke verbinding met alle facetten van wat ik als 'schoonheid' en als van bovenmateriële waarde ervaar. Geluk, wat een voorrecht dat ik het behalve als beschouwing, ook existentieel kan beleven.

In het vorige hoofdstuk heb ik beschreven hoe er een eind kwam aan mijn eerste huwelijk en ik alleen kwam te staan. Het huis in Kijkduin, dat Max Boekholt van bureau Dick van Mourik in 1967 had gebouwd,[2] werd verkocht en op zoek naar de troost van vertrouwde plekjes uit mijn jeugd zonder wolken, ging ik in 1978 wonen in de toen net gebouwde flat in Park Oud Wassenaar.

Hartelijk en kundig hielp binnenhuisarchitect Harbert

Reitsma me met de indeling. Van één kamer maakte hij twee kleine: voor zoon Norbert die in Sankt Gallen economie studeerde en voor dochter Pia die in Maastricht van het studentenleven genoot.

Op mijn slaapkamer kwam een logeerplaats voor zoon Joris, en in de woonkamer een heerlijke vleugel, waarvoor Reitsma het betonnen plafond van een akoestiekbevorderende (en voor buren geluiddempende!) houtbekleding voorzag. De inrichting voor de rest van mijn leven was voltooid, want een tweede huwelijk behoorde voor mij als bijna zestigjarige niet meer tot de mogelijkheden. Dacht ik.

En toen was er – geluk ligt in een klein hoekje – een liedjestekstje, dat ik op aanraden van Wil en Ellen Hordijk[3] naar een kennis van hen in Brussel opstuurde om het in het Engels te laten vertalen. Een week later had ik twee alternatieve Engelse versies in huis, ik las ze na een late avondvergadering en pakte in een reflex de telefoon om de vertaalster te bedanken voor de poëtische kracht die me had ontroerd en te vragen of ze misschien in de toekomst andere liedjesteksten van mij wilde bekijken. Er ging een tijdje over heen, haar huwelijk – door haar omschreven als 'kort en zonder veel vreugde' – liep ten einde, maar uiteindelijk maakten we dan toch een 'tekstkijkafspraak'.

Daar zaten we, twee mensen die niet van plan waren zich

212

opnieuw duurzaam te binden. Daphne keek uit naar het werken aan een opdracht van de sectie 'Drama' van de BRT-televisie en voelde er absoluut niets voor ooit terug te gaan naar Nederland. Mijn leven was behalve met boeiende activiteiten op politiek en maatschappelijk gebied, meer dan gevuld met kinderen en vrienden.

Was het een wonder dat we hebben meegemaakt op die zestiende juni? Onze werelden verschilden totaal van elkaar, het leeftijdsverschil bedroeg vijfentwintig jaar en toch voelde het alsof we op hetzelfde ogenblik werden gestuurd door een 'invisible hand' die ons liet vaststellen: 'dit is de bedoeling'. Een alles vervullende liefde. Tot en met vandaag.

De eerste veertien jaren van ons huwelijk heeft Daphne in de haar wezensvreemd gebleven wereld van politiek en economie steeds naast me gestaan en (als chauffeur) gezeten op weg naar mijn uiteenlopende overwegend internationale politieke werkzaamheden en commissariaten. Dat naast me staan is ze – zeker sinds mijn hartoperatie – blijven doen en pas vanaf het einde van mijn turbulente beroepsleven komt ze als auteur[4] naar buiten.

'16 Juni', was het een wonder? Ik kan niet anders dan het geloven. In mijn gedachten over de compositorisch complete totale schepping past zeker ook de geleding van zuivere boodschappers als engelen. Ik sta hierin waarachtig niet alleen, er zijn mensen die andere opvattingen over de schepping hebben dan ik en het bestaan van engelen toch niet uitsluiten. Ik hou het er maar op dat ik 'mijn' engel naast me had toen ik mezelf totaal verraste door 'zomaar' de beslissing te nemen om verder te gaan met Daphne die, vermoedelijk in gezelschap van 'haar' engel, tot haar niet minder grote verbazing hierop als vanzelfsprekend inging.

Terug naar het begin van dit hoofdstuk: nee, politieke inzet is géén sisyfusarbeid. Het beeld van een ellendige, uitzichtloze samenleving is behalve oppervlakkig, bedrieglijk en scheef. Indringende televisiebeelden focussen bijna exclusief op daden van agressief nationalistisch of religieus fundamentalisme.

Ik zie dit als een kwalijke ontwikkeling, omdat positieve zaken zoals tekenen van sociale en economische vooruitgang of tekenen van vrede (niet in de laatste plaats door en in de Europese Unie) en het bedwingen van kwaadaardige epidemieën, daardoor onderbelicht blijven. Het uitsluitend benadrukken van de gruwelijkheden van de dag, komt neer op het verwaarlozen van de geschiedenis.

Blijven we ons er bijvoorbeeld voldoende van bewust dat, ondanks alle oneffenheden en ellende, een imperium als de Sovjet-Unie na generaties van mensonderdrukkende, totalitaire tsaristische en communistische regimes nu – hier en daar moeizaam maar toch – op weg is naar een voorbode van een democratische

214

rechtsstaat? En beseffen we daarbij dat hiertoe mede is bijgedragen door een beleid langs lijnen van de Harmeldoctrine?[5]

Natuurlijk is het onvermijdelijk dat het steeds wisselen van situaties in de wereld, het politieke handwerkers moeilijk maakt de omvang en draagwijdte van eventuele werkresultaten in te schatten. Ook voor mij.

Toch kan ik de uiteindelijke toekomst van de mensheid niet anders dan positief tegemoetzien. En dat heeft alles te maken met het gegeven dat ik er van overtuigd ben dat er met de schepping een positief doel is beoogd en dat, terwijl lichaam en materie vergaan, de onstoffelijke geest en ziel niet verloren gaan.

Behalve geloof in leven na de dood, betekent dat voor mij het – voorzichtige – vertrouwen dat er ooit een situatie zal ontstaan waarin geestelijk-morele waarden uiteindelijk tot één gebundelde positieve kracht zullen samenvloeien.

Zoveel heil als Teilhard de Chardin ons voortovert durf ik (nog?) niet te voorzien, maar ik ben dankbaar dat ik in staat ben gesteld om in samenwerking met steeds nieuwe generaties, elk puttend uit diverse bron, blijvend te worden bemoedigd door – vanwege praktische obstakels – iets meer bescheiden dromen.

Heb ik mijn vertrouwen in de toekomst voldoende onderbouwd? Ik heb het in ieder geval geprobeerd.

Hopelijk is duidelijk geworden waarom ik ervan overtuigd ben dat zeker óók via de politiek een wezenlijke en duurzame bijdrage kan worden geleverd tot het welzijn van de samenleving.

Vergeleken met alle onverschilligheid en de vele uitingen van scepsis, is dat al een droom op zichzelf! ❖

Dankwoord

Personen die ik waardeer, bewonder, respectievelijk die voor mijn vorming waardevol waren en zijn, hebt u in dit boek al kunnen ontmoeten. Impliciet blijkt, hoop ik, dat ik hen daarvoor dankbaar ben.

Nog een expliciet woord van dank:
Aan mijn ouders, die door hun manier van opvoeden mijn broer en mij vreugde in het leven meegaven. Hoe wezenlijk hun uitstraling en voorbeeld zijn voor mijn ontwikkeling en levensinstelling, en hoe ontoereikend mijn uitingen van dank daarvoor tijdens hun leven waren, heb ik pas laat beseft;

Aan mijn kinderen en kleinkinderen. Mijn liefde voor hen is niet in woorden te vangen;

Aan beschermengelen in menselijke gedaante, die ongevraagd in het duister naast mij stonden en staan. Ze zijn talrijk, toch mag één naam hier niet ontbreken: Willem Bogaartz.

En aan Daphne, mijn vrouw. Aan haar gaf ik in mei 2003 mijn belevenissen en overtuigingen met het vrijwel onrealiseerbare verzoek al die teksten in een meer leesbare vorm te gieten. Compositie en redactie van dit boek zijn van haar. ❖

Noten

1
'De nacht van ...'

1   Biesheuvel, Diepenhorst, De Jong, Luns en Veldkamp.
2   Aldus Cals.
3   Dr. J. Zijlstra, *Per slot van rekening*, Contact 1992.
4   Prof. H. Righart, 'Teckel of Herdershond, de mythe van de Nacht van Schmelzer' in *Jaarboek Mediageschiedenis* 3, 1991.
5   Niet in de laatste plaats versterkt door de schitterende karikaturen van Opland.
6   Notenboom wijst er in zijn boek *De val van het kabinet Cals* (SDU 1991) op dat in 1963 een einde was gekomen aan het zogenaamde harmoniemodel: goed overleg tussen regering en sociale partners, het besturen van hulp van de SER, het op elkaar afstemmen van lonen en prijzen, de overheidsbegroting, het invoeringstempo van sociale verbeteringen. Met als resultaten: grote economische groei, rustige stijging van reëel inkomen en idem opbouw van sociale wetgeving. Gelukkig betekende het einde van het overlegmodel toen niet een afscheid voor altijd. Dat bewijzen ontwikkelingen tussen 1982 en 2000, toen weer voorkeur werd gegeven aan constructief overleg boven vruchteloos blijkende confrontatie.
7   Prof. J. Bornewasser, *Katholieke Volkspartij 1945-1980*, Band II, Valkhof Pers 2000.
8   Jaren later verliet Bogaers de 'radicale' groep omdat hij zich niet

meer kon verenigen met grondslagen en programmakoers.
Westerterp zou uiteindelijk het CDA inruilen voor de LPF.

[9] Prof. H. Righart, 'Teckel of Herdershond, de mythe van de Nacht van Schmelzer' in *Jaarboek Mediageschiedenis* 3, 1991.

[10] Ed van Westerloo, 'Ik zag een traan op zijn gezicht' in *Jaarboek Mediageschiedenis* 3, 1991.

[11] Prof. J. Bornewasser, *Katholieke Volkspartij 1945-1980*. Band II. Valkhof Pers 2000.

2

Land van herkomst: Europa

[1] Aan één van hen, Hans Zangerlé, danken we een vreemdsoortig familiewapen met opspringende witte hazewindhonden, dat hem in 1489 was geschonken door aartshertog Sigmund van Oostenrijk, in wiens dienst hij was als rechter.

[2] Daar woonde een broer van zijn vrouw, Caesar Thilmanyi, die zich tijdens '1848' dermate heftig had geweerd op barricades in zowel Frankrijk als Duitsland, dat hij werd verbannen en naar Amerika verhuisde.

[3] Zijn werkkleding voor die 'functie' toont hij plechtig op een foto, glanzend zwarte hoge hoed en jacquet.

[4] Er bestaat een litho van Carel Willink van twee verliefde mensen in het Berlijn van 1920, drinkend uit één glas. Ze lijken op mijn ouders. Kan het zijn…?

[5] Een van die circusvriendjes, Karel Staab, zou ik lichtjaren later in zijn hoedanigheid van burgemeester van Wassenaar en ambtenaar

220

van de burgelijke stand tegenkomen toen ik met Daphne trouwde.

6 Ze hadden mijn broer en mij laten voorzien van Doopsel, Eerste Heilige Communie en Vormsel, maar daar hield onze 'godsdienstige' opvoeding dan ook op. Geestelijken die op ons pad kwamen, werden overigens altijd gastvrij ontvangen met een goed glas of zelfgebakken taart bij de thee zonder dat eventuele kerkgang ooit ter sprake kwam.

7 Toch heb ik het instrument nooit echt beheerst, ondanks de meer dan vriendelijke naamgeving die de door mij bewonderde Tonny Eyk aan ons accordeonsamenspel gaf: 'The Nortons'.

8 In het gebouw is nu Europol gehuisvest.

9 Dat zou veranderen in de jaren zeventig. Behalve mijn zoon Norbert is mijn dochter Pia er leerlinge geweest.

10 Als J.W. Hofdijk werkte hij als oorlogscorrespondent en schreef behalve voor de *Katholieke Illustratie* enkele oorlogsboeken.

11 Wat is waarheid?

12 Waarop de grote Bach het koor in de Matthäus Passion laat antwoorden met een indrukwekkend verminderd septiem akkoord: "Barrabam!"

13 Genoemd naar een classificatie in het Lloyd's scheepsregister en drie keer raden waarvoor die classificatie staat. Met overigens grote moeite heb ik bij de burgerlijke stand kunnen bereiken dat mijn eerste, helaas een jaar later overleden zoon Michaël als tweede naam het niet bestaande, maar wat klank betreft op de 'A One' lijkende Ewon kreeg.

14 Er zijn onder andere nog geregeld bijeenkomsten waarbij oud-leden en dispuutleden van nu elkaar ontmoeten en het dispuut

huist nog steeds in de Tilburgse Telegraafstraat in het pand dat wij aanschaften.

[15] Naar aanleiding van het boek *George Sand, een leven in rebellie en liefde* dat zij in 2000 bij Uitgeverij Balans publiceerde.

[16] Om die prachtige baan, waarin je de vinger aan de pols kon houden van alles wat er gebeurde, te krijgen, had ik een snelle cursus typen gevolgd.

[17] Zijn inzet als vervanger was groot en wordt terecht door het dispuut met eer herdacht. Hij overleeefde de hongerwinter helaas niet.

[18] Een begaafd en kleurrijk man die zover van de gangbare huwelijkstrouw afweek, dat de pauselijke nuntius besloot het groepje (waartoe ik ook behoorde) dat een paar jaar had gewerkt aan de serie *Welvaart, Welzijn en Geluk*, die alle relevante levensterreinen behandelde, de bij zo'n overhandiging gebruikelijke kerkelijke onderscheiding maar te onthouden.

[19] De twee volgeladen vrachtwagens waren spontaan geleverd door tuinders uit het Westland.

3

Roerganger, teamwerker,
talentenjager: De fractievoorzitter

[1] Buitenlandse Economische Betrekkingen op het ministerie van Economische Zaken.

[2] Mr. Struycken, Gouverneur van de Antillen, werd minister van Binnenlandse Zaken.

[3] Zijlstra was demissionair minister van Financiën.

4 Tijdens het kabinet-De Quay drong de ARP-Tweede Kamerfractie onophoudelijk aan op door de overheid gesubsidieerde woning-wetwoningen, wat de algemene gedachtewisselingen vaak liet stagneren.

5 Bogaers was een man die links en rechts kon binden.

6 Fractiecommissies die zoals gebruikelijk waren afgestemd op de taken en verantwoordelijkheden van de diverse ministeries.

7 Kleisterlee was en is onder meer actief in de wereld van ziekenhui-zen, sociaal werk en de sociale tak van kerkelijk leven.

8 SDU 1991.

9 Commissaris Buitenlandse Betrekkingen.

10 Kooymans werd na zijn ministerschap rechter bij het Internationaal Gerechtshof.

11 Een op dat moment zeker nog niet wenselijke, maar in het wissel-vallige politieke leven niet uit te sluiten mogelijkheid van deelname aan een volgend kabinet.

12 Oud-burgemeester van Den Haag en oud-lid van de Rekenkamer.

13 Balkenende was jarenlang lid van het Wetenschappelijk Bureau van het CDA en daarom al bijzonder goed ingewerkt in de dossiers.

4
Acht ministers-presidenten

1 Mr. Cees Staf was minister van Oorlog.

2 Het huis aan de Haagse Beeklaan 502 paste hem als een hand-schoen. Het was er sober zonder saaiheid. Hier presenteerde hij ooit het eenvoudige koekje bij de thee in de tijd dat Nederland solliciteerde naar Marshall-hulp.

3   Onder meer in verband met de al eerder aangeduide vriendschap tussen Ben Korsten en mijn eerste vrouw.

4   Dr. P. Maas, *Kabinetsformaties 1959-1973*, Staatsuitgeverij 1981.

5   De door Nederland in te nemen standpunten behoorden met deze commissie te worden doorgenomen.

6   Albanië had de resolutie over de wisseling Chinese Volksrepubliek/ Taiwan opgesteld.

7   Minstens drie keer per jaar komen de oud-leden van het kabinet-Biesheuvel (als de Club Biesheuvel) bij elkaar.

8   Marijnen liet zich bij de aanpak van het probleem bijstaan door Biesheuvel, Scholten en Toxopeus. Prinses Irene zag af van haar potentiële recht op de troon en hoefde daarom geen toestemming aan het parlement te vragen. Ik kreeg een deel van de pers en oppositie over me heen, omdat ik niet duidelijk genoeg was opgekomen voor het recht van een katholieke prinses op de troonopvolging. Ik had daar geen behoefte aan, omdat het als mogelijkheid niet aan de orde was.

9   Bondige informatie hierover: Dr. P. Maas, *Kabinetsformaties 1959-1973*, Staatsuitgeverij 1981.

10 Buitenlandse Economische Betrekkingen op Economische Zaken.

11 Publiekrechtelijke bedrijfsorganisatie.

12 Op de melodie van The Beatles-hit 'Yellow submarine'.

13 Geparachuteerd door zijn voorganger Moorman, werkte Piet de Jong zich als vanzelfsprekend in, en hoewel we in de kwestie Nieuw-Guinea van mening verschilden (hij zat lang op de lijn Luns) toonde hij crisisbestendigheid, onder andere in de kwestie Molukse bezettingsacties.

[14] Gerard Veringa werd in brede kring van de partij gezien als een exponent van vernieuwing, iets wat men niet zag in de meer bedachtzaam overkomende De Jong.

[15] De vier lijsten waren vastgesteld in de vier geografische windstreken.

5
Muziek en politiek

[1] In het voorjaar 2002 verraste Daphne me met de verkoop van het enige pakketje aandelen dat in haar bezit was om mij in een professionele studio een cd te laten opnemen met eigen werk. En tussen klassieke en cabareteske composities zing ik ook uit dit 'meesterwerk'.

[2] Op bovengenoemde cd worden deze stukken gespeeld door Han Louis Meyer en L. Dullaert-van Tol.

[3] Robert de Roos, zijn gezin en ik bleven in contact. Hij was onder meer in diverse landen cultureel attaché.

[4] Ik sliep onder de dakpannen in een verscholen, afgeschermd hoek-je, waar een bed stond en een stoeltje. Dat stoeltje overhandigde Wester me jaren later tijdens het feest voor zijn 25-jarig huwelijk. Het bleek één van de eerste huwelijkscadeaus te zijn geweest; dat Thonet-stoeltje is nu een gekoesterd meubelstuk.

6
Veelsoortige verleidelijkheden
en andere buitenlandse zaken

[1]   De toenmalige minister van Buitenlandse Zaken.

[2]   'Ik wil met u naar bed.'

[3]   'Ik geloof niet dat dit ook maar iets zou oplossen, denkt u ook niet?'

[4]   Hij zou later enige jaren als bedelmonnik gaan leven.

[5]   Strauss was minister van Defensie, voorzitter van de CSU en
minister-president van Beieren.

[6]   Buurman uit mijn jeugd, mijn baas bij de BEB, daarna lid van de
Hoge Autoriteit in Luxemburg, ambassadeur bij de EEG en de
NAVO.

[7]   En dus ook met de Sovjet-Unie. Een beleid dat zou uitmonden in
de bepalingen van de Slotakte van Helsinki 1975.

7
Juliana, humaan en constitutioneel

[1] Directeur van het Kabinet van de Koningin.

[2] Publiekrechtelijke bedrijfsorganisatie.

8
Land van de toekomst: Europa

1. Op dat moment voorzitter van de Raad van Bestuur van Akzo NV.
2. Een adviseurschap voor algemeen maatschappelijke en internationale vraagstukken.
3. In die Europese Unie van Christen Democraten zaten we toen nog als KVP/CHU en AR. Ik bleef in de Nederlandse equipe tot 1976. Mijn vice-voorzitterschap van de EUCD en de EVP alsook het voorzitterschap van de Commissie Internationale Politiek van EUCD en EVP duurden tot 1990.
4. Eén van die functies had een wel heel speciale transatlantische brugfunctie: de Trust van Sara Lee/DE, een unieke constructie waarin drie van het bedrijf onafhankelijke Nederlanders ervoor moesten zorgen dat zowel de Amerikaanse als de Nederlandse belangen werden behartigd. De Trust was de houdster van de meerderheid van de aandelen die door Sara Lee (Chicago) waren verworven in Douwe Egberts.
5. Oud rector-magnificus te Leiden, theoloog, filosoof.
6. Piet Bukman werd in 1985 voorzitter van de EVP.
7. 'dat'... Bijbelse getuigenis. Dit program van uitgangspunten is in december 1993 nader uitgewerkt met behoud van de kern: gerechtigheid, solidariteit, gespreide verantwoordelijkheid en rentmeesterschap.
8. Een waarden-gemeenschap.
9. EVP-congres Berlijn, januari 2001.

[10] Zoals in het uitgebreid gedocumenteerd verslag van dr. A. van Kessel in *Ruggen recht, heren!*, Uitgeverij Verloren, Hilversum 2003.

9
Dromen zonder berusting

[1] Dr. J. Vital Kopp, *Teilhard de Chardin*, Uitgeverij Lannoo 1962 en Teilhard de Chardin, *Le Phénomène humain,* Seuil 1955.

[2] Na een opeenvolging van veelsoortig ongeluk van diverse latere eigenaren, variërend van zelfmoord tot echtscheiding (Jaap & Alice Boersma), heeft het huis nu hopelijk bewoners gevonden die er in harmonie kunnen leven.

[3] Een echtpaar wiens huis aan de Wassenaarse Kerkeboslaan een trefpunt was van de meest uiteenlopende musici die er altijd welkom waren.

[4] In 1996 verscheen haar boek *Langs wegen van barmhartigheid, gesprekken met bisschop Bär* (Uitgeverij Waanders), in 2000 *George Sand. Een leven in rebellie en liefde* (Uitgeverij Balans) en in 2003 *Toergenjev's liefde* (Uitgeverij Balans).

[5] Deze doctrine komt neer op 'agressie ontmoedigende optimale verdediging gepaard aan zowel optimaal overleg als optimale samenwerking'. ❖

Personenregister